增訂版

新手父母

情緒同理

家事法庭第一線社工30件個案解析，
克制情緒干擾、同理孩子立場，
練習把分離的負能量降到最低。

現代婦女基金會◎總策畫
許皓宜◎特別顧問

使用守則

如何閱讀這本書？

這本書裡的案例，多是以父母的角度為出發點，但對於孩子的其他照顧者（如爺爺、奶奶）同樣適用，甚或學校老師、社工團體、周圍親友等，都可以依據實際狀況參考使用。

寫這本書的念頭很單純。主要的目的是期望透過社工實務經驗，分享、傳遞、教授家長：**如何在家庭裡的高壓互動下，不讓孩子陷入為難的三角關係，並適時地保有與孩子的健全互動。**同時，讓不同成長階段的孩子，可以理解「我的爸爸或媽媽到底怎麼了」。

我們就多年來的實務經驗，提供讀者法院常見的親子狀況，及現今家庭應具備的基本功能與親職觀念。闡述不同成長階段、不同年齡的孩子，面對父母爭執、衝突，或即將分離時會出現的行為，並分別探討針對孩子反應有無妥善處理的後續差異。本書分為嬰幼兒期（0～3歲）、學齡前期（3～6歲）、學齡期（6～12歲）、青少年期（12～18歲）等四階段。各階段會以數種家庭狀況為**案例**，分別解析**孩子的心聲**與**大人的苦衷**。**專家給鑰匙**，**開啟家庭正關係**，是特別諮詢專業心理師，針對類似的個案，給予的建議與處理方案。最後，則希望讀者**設身想一想**——怎麼做才能親子雙贏。

期待透過這本書的幫助，讓曾經歷過或正處於家庭困境的孩子，找回原本該有的快樂、健康的童年生活。也希望讓有心學習、提升、改善親職教育模式的大人，在問題出現前檢視自我狀態，達到提醒與預防的目的，或即使問題已經發生，也能在第一時間，給予補救。

Contents

3～6歲

大人爭吵別失控，孩子才不會負面學習

家庭是孩子的第一所學校，父母則是最主要的學習對象。口出惡言或暴力相向的舉動，是孩子最直接的負面學習教材。

Contents

Contents

6～12歲

重視「同儕關係」，向外尋求認同與關愛

進入了校園生活，不代表「家庭」在孩子心中變得次要，總是忽略孩子的需求，他恐怕會因得不到關注，向外找認同。

12～18歲

建立自我認同感、迫切需要父母的肯定

青少年時期是轉變為成熟大人的重要道路。雙親常在孩子面前互相攻擊詆毀，則容易讓他們失去自信、產生自卑心態。

Contents

推薦序1

讓整個家往正向的道路邁進

許皓宜／諮商心理師、心理學博士

二〇一五年年底，陪著現代婦女基金會駐法院家事聯合服務中心的社工們，藉著討論方案執行的團體督導機會，恰巧能一窺這群澎湃熱情社工的工作場域。我帶著好奇的心，聆聽著他們服務時的所見所聞。

法院服務的社工團隊，把心力投注在每個需要的家庭，強壯每位請求協助的爸爸、媽媽或孩子，希望能創造更多會讓社會更美好的意象。

原來，**每一個家庭的服務都是如此沉重，卻也真實地上演。很多的案例，都發生在你我身邊，甚至是自己所處的家庭裡。**

當初，一聽到此書的企畫案，我馬上聯想到這群社工們，替他們與出版社牽線。我不敢說自己是本書推手，但我確實非常期待本書出版。書裡以各種不良的家庭互動作為媒材，並分別以孩子與大人的視角，訴說窘境與苦衷。最後的專家建議猶如一把金鑰匙，解開糾結成團的壞關係與壞情緒，讓整個家往正向的道路邁進。

這絕對是每位爸爸、媽媽（或孩子主要照顧者），乃至未來有計畫要為人父母者，都應該花心思閱讀的一本書。書裡盡是實戰及專業的心血，更是市面上難以尋獲的素材，這樣的好書，值得大家打開。作為教養借鏡、自省修正，學著做個不暴走的父母，讓正在成長的孩子，在正向環境安心長大。

只要願意，每位爸媽都能改善家裡的互動氛圍。即使是已經分離的夫妻，也可以給孩子溫暖且完整的父愛與母愛。關係變好了，大人的幸福感加分，孩子也能擁有更豐富的生命力。

推薦序2

這世代，「孟母三遷」有新解

賴芳玉／知名婦幼保護律師

沒人教我們如何當父母，但我們就在手忙腳亂中當了父母。

於是，坊間有很多親子書，諸如嬰幼兒生理發展、如何不讓孩子輸在起跑點、如何教出天才資優生等。屆學齡後，父母更是為孩子學業，四處諮詢其他家長及探訪校園。或每到流感季節，兒科門庭若市，父母心疼地帶著孩子等門診燈號，生怕擠在小小候診室，孩子二度感染。也會看見父母積極學校參加懇親會，關切著基測、推甄、學測等一堆永遠在變、令人費解的制度。

不過，**若遇到孩子低沉、悲傷、憤怒、焦慮、失望、矛盾或受挫時，身為父母的各位，將如何怎麼處理呢？**孩子心理健康發展，父母可有想法？看到孩子沉默寡言、或說謊成性、或沉迷電玩、或四處遊蕩、或叛逆頂嘴、或惡聲惡語……，多數父母總是一臉痛心卻又束手無策吧。

「到身心科就診嗎？」父母想：當然不可，孩子又沒病，被標籤還得了。孩子抗拒，可能涼涼地丟一句：我沒病，是你們大人才有病。

是的，孩子沒病、大人也沒病，是家庭病了。**「家庭心情」若長期鬱鬱寡歡、衝突不斷，這個家就生病了，處在裡頭的每個人，正如五臟六腑，自是難受。**簡單說，要孩子有健康的身心發展，需要好的「家庭心情」。

古時，教養故事特別多，尤以「孟母三遷」流傳千世。

「昔孟母，擇鄰處。子不學，斷機杼。」孟母教子用心，除選擇良好居家環境，在孩子疏於學業時，甚至當孩子面割斷織布機的布，要孩子體會學業如織布，得日積月累，一旦荒廢，就如斷布，前功盡棄。孟母重視孩子學習的環境，更重身教及機會教育。

然而，如今在網路無遠弗屆的世代，往昔孟母的教育方式，可能難堪使用了，但不妨礙現代人試著與時俱進地賦予新義。也就是，**「現代孟母」提供孩子的環境，不是鄰居如何，而是家庭環境如何。**讓孩子擁有好的家庭心情環境，自然就能有健康的身心發展。

換句話說，孩子善模仿，父母如何，小孩便如何，當父母咒罵孩子時，父母便是自己嘴裡咒罵的人，孩子如同父母的鏡子，時時照見父母的言行。所以，如果身為父母能夠覺察家庭心情對孩子的重要性，就能知道這本書有多可貴。

這本書是由長期從事輔導家庭的社工，依經驗所集結而成的案例，每個案例後輔以「專家給鑰匙」、「設身想一想」篇章，引導讀者看見高壓家庭對孩子的影響，並透過專家建議，學習如何處理家庭心情。

這就是一本現代孟母三遷的故事。只不過，**您不需是孟母、孩子也不必是孟子，我們需要的，只是提供孩子一個身心健康發展的滋養環境而已。**

推薦序3

別讓孩子成爲「球球兒」

林美薰／台灣兒少權心會理事

爸媽衝突是孩子的噩夢，離異則是最焦慮的撕裂。

長期服務家庭暴力的被害人，看見許多家庭經歷法庭訴訟，像極了熱鍋上的螞蟻、找不到出口。**當中有群令人心疼的隱形被害人——子女，他們在衝突的夾縫中求生存，無所適從，累積的無助也無處可說。**孩子可能會以不同的面貌，應付他們的心理困境，有些成了小大人，有些成了叛逆少年，有些則讓自己像隻孤狼。若大人不夠敏感，沒有細查孩子壓力，他們可能就會負成長。

本會陸續提出關心「球球兒」的呼籲，希望父母在衝突中，看見孩子的需要。當夫妻情盡緣絕而決定分離時，曾經的愛的結晶，有的成為「**橄欖球**」，雙方你爭我奪；有的成為「**躲避球**」，彷彿避之唯恐不及的燙手山芋；有的成為「**棒球**」，淪為出氣筒，恐遭拳虐待。無論哪種球，都會影響孩子的發展。

我們亦歸類三種離異父母的NG型態——搶奪型、冷戰型與阻饒型。面對搶奪型的父母，孩子多半需要兩面討好；面對冷戰型的父母，孩子可能成了勢不兩立的傳聲筒；面對阻饒型的父母，恐怕造成孩子的親情斷裂。

無論夫妻的關係能否存續下去，孩子依然是彼此的結晶。**試著透過多溝通、多諮詢、多著想的「三多」友善父母教戰原則，盡全力地降低孩子在親情風暴中的負面影響與傷害。**

夫妻的戰場，經常從家庭延伸到法庭。然而，法庭的爭執，往往只是冰山一角，回到孩子生活的世界，才像困在被情緒綁架的牢籠，恐懼、焦慮、憤怒、羞恥、自責、憂鬱、冷漠，猶如驚濤駭浪般波波襲擊。倘若父母和家庭動力沒有改善，他們的世界依然陰暗。

這本書是基金會將多年服務家庭的經驗，寫成親職教養書籍。期許這本書能引動父母去同理孩子的心，並且翻轉家庭或親子的關係。書中描述的家庭爭執場景，經常出現在身邊，讀者必定會在書中找到共鳴。

各位讀者，閱讀時不妨停下來、換位思考，設身處地為他方想一想，並傾聽孩子心底的聲音。倘若需要其他協助，也歡迎與本會派駐法院的家事服務中心聯繫，我們將提供相關的親職教育、心理諮商與法律服務。

想像一杯混濁的水，最終由於雜質沉澱，而露出清透的水質，去蕪存菁。

願全天下的父母都能通透「愛是一切的解答」的真諦，讓孩子在鼓勵與安全的環境中長大。

總策畫序

當孩子的好榜樣

春夏更迭的季節裡，徐徐微風加上暖心的陽光，這樣的天氣，總是讓人心曠神怡。踏著輕鬆的步伐，來到婦幼中心探望剛生產完的好友。恰巧碰上育嬰室的開窗時間，快步走到育嬰室外頭，專注地看著裡頭的每個新生命——

有的睜大雙眼，似乎對這個陌生世界感到好奇。

有的大聲哭泣，希望藉由自己的呼喊，有個人來抱抱他。

有的則自顧自地熟睡，彷彿外界的事都與他無管。……

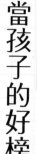

其實，孩子們想要的世界很簡單：肚子餓時，爸媽幫忙張羅食物；感到恐懼害怕時，爸媽給予擁抱與安慰。要是這些需求沒有被滿足，孩子也許會用哭鬧的方式來表達，待需求被滿足了，他們就會用純真的笑容回應。

回家的路上，腦海裡浮現卻是另外一群孩子。那群孩子是我們在專業社工領域工作多年以來，所遇到的孩子們。最最令人心疼的，是那群長期面對、處於父母爭執中的孩子，因為長時間暴露在父母衝突下，他們的情緒多數時刻也處於高壓、焦慮的狀態。

身為社會工作者（Social Worker，簡稱社工），在「法院」這個敏感的場域裡工作這麼多年了，每天接觸到的都是面臨高衝突風險的家庭，或已經進入訴訟程序、開啟分離議題的當事人與孩子。協助處理過的案件不計其數，人生百態幾乎都看盡了。

若孩子天生樂觀，能坦然面地對家裡所發生的事情，倒也還好。但是，天生樂觀的孩子並不常見。有些「看起來」樂觀的孩子，其實是使用「自我隔離（抽離）」來逃避父母的衝突與內心深處的焦慮。

「自我隔離（抽離）」是一種防衛機制——當父母的關係讓孩子太過痛苦，而他也認為自己無能為力的時候，為了不讓自己崩潰（發瘋），他們多半選擇這樣的應對方式。

這類「自我隔離」的模式，如果沒有好好被解決的話，時間一久，孩子會習慣性用這種方法來面對所有關係，不只未來人際互動受到影響，可能導致孩子無法信任他人，甚至自己。

大人應該積極讓孩子知道，因應衝突有很多方法，不單單只有自我隔離，最好父母能給予示範，讓孩子有一個學習的準則。此外，父母還需要給予更多關愛，避免讓孩子的成長過程，充滿負面的學習。

比起現代，傳統社會相對保守，有情緒只能自己想辦法宣洩，並不會有人教導「如何正向的處理」。好比父母無法承受孩子的情緒（如哭鬧等）時，就對著孩子吼叫、打罵，根本沒有時間與方法去理解「孩子到底怎麼了」。

隨著時代變遷，社會問題逐漸浮現，大家似乎開始意識到家庭教養、學校教育的重要性，這攸關孩子未來的成長與發展。想一想，過去不曾好好被對待的父母，此刻要如何能善待自己的孩子。

然而，家庭教育總是親子、親職力脫離不了關係。有一句寓意深奧的話，就深深烙印在我們的心中——「父母要過得好，孩子才會好」。**這本書的出版，正是期待透過學習，父母能在理解孩子情緒、確實滿足所需之餘，也能好好照顧自己的內心。**

前言

家是孩子的避風港，不是暴風圈

媽媽帶著兩個年幼的孩子來到基金會，向社工道出孩子爸爸的不負責，與自己獨力照顧孩子的疲憊。講著講著，情緒起伏愈來愈大。突然，身旁兩個孩子哭鬧起來。然而，媽媽專注於自我，根本無暇理會、安撫孩子……。

擔任社工的我們，常看見當事人因故忽略了孩子的需求。例如，有些父母會把孩子拉入爭吵的戰場，要求孩子選邊站，讓孩子成為彼此衝突的棋子，孩子將因此承受莫大壓力。父母這麼做的同時，完全忽略了**孩子在面對爭執時，會產生無限的恐懼、焦慮**。或父母為了「贏」過對方，用盡各種方式、手段要讓對方輸得徹底，卻忘記**孩子正在看著爸媽，如何互相傷害**。更甚者，父母會自認是孩子的最佳照顧者，刻意挑撥孩子與對方的感情，因而**讓孩子失去原本就應該擁有、父母雙方的關愛**。大人們在乎的，恐怕不是孩子真正需要的。

在法院協助「家事案件」的社工們，常陪著孩子出庭，去面對父母間的紛爭。亦透過觀察或詢問，試著理解孩子真切的需求與想法。除了受暴或被父母離間的孩子外，回饋來的意見大多如下：

「我不想要跟爸爸或媽媽分開！」

「我想要跟爸爸、媽媽住在一起！」

「我喜歡媽媽，我也喜歡爸爸！」

就字面來看，這些話看似稀鬆平常，甚至隨處可以聽見。但是當我們親眼目睹孩子強忍著淚水、好不容易鼓起勇氣、用壓抑的聲音說出來時，身為大人的我們，心中也會冒出一陣酸楚，為孩子感到心疼、不捨。

或許爭執無法完全避免，但我們希望每個家庭、每位大人，至少都能讓孩**子在面對父母爭吵的同時，不損害「被愛」的權利**。也希望每個關係緊張的家庭與雙親，**對孩子的影響能夠不出現或盡可能降低負向的效果**。

我們確信，大人若能做到以下幾點，孩子所受的傷將會減少更多：

- 不剝奪、不阻撓，讓孩子同時擁有父親及母親的愛
- 適時給予孩子關心。皮肉傷需擦藥治療，心靈受創得靠關心療癒
- 向孩子解釋父母為何而吵，別讓孩子覺得爭執「因他而起」
- 站在孩子的立場去思考——孩子真正想要的是什麼

回到一開始的案例，當社工耐心了解那位媽媽的問題與需求後，媽媽順口問社工一個問題：「你已經結婚了嗎？像你們服務過這麼多類似的家暴、離婚案件，會不會以後就不敢結婚、不敢生小孩了呀？」

對此，我們屢見不鮮，也視為是當事人好奇、隨口問問罷了。仔細思考這類問題的背後，其實反映了當事人在面臨家庭「負面」能量，而不知該如何處理的狀況，及正在處理爭吵或分離的當事人，對於「家庭」曾有的期待與藍圖，不過，現實狀況卻離理想樣貌愈來愈遙遠，甚至背道而馳。

社工同仁們的回答，竟趨於一致，都是「不會」。他們這麼說：

「個案故事對我的人生決定，並不會出現不良影響，反而是讓我更謹慎地面對問題，並以正確的方法去解決它。」

「社工因為工作因素，比一般人更容易接觸到不美滿的家庭狀況，但生活中仍有很多美麗的故事。所以，我不會因此覺得人生很負面，更不會因此害怕面對婚姻。」

「工作是工作，家庭是家庭，我能夠明確而清楚地分辨，自然也不會把工作的情緒帶進生活或家庭中。」

「我不會不敢結婚，因為對自己人生有自己的規劃，個案的狀態反而成為自己的借鏡。」……

身為專業的社工人，與每個當事人都一樣。生命降臨後，第一個接觸的社會就是家庭，有些社工與當事人的家庭背景，甚至相仿。看了這麼多的負面案件，回應仍然正向，或許是社工訓練的養成，或許旁觀者角度看久了，讓我們更能清楚家人互動的方式與感受，並將所見所聞，逐漸內化成面對、處理事情的技巧。

雖然，我們經常接觸棘手的案件，但這並不代表溫馨的故事不存在。我們也見過很多的雙親，在與另一半分開之後，不會把不滿的情緒傳遞給孩子，而是讓孩子繼續擁有父愛及母愛，並保有孩子遠離負面能量的權利。每個家庭都應該是孩子的避風港，而不是暴風圈。

0~3歲

適時安撫壞情緒，發展孩子安全依附感

嬰幼兒時期的孩子，對於聲音感到敏感，
因為沒有能力分辨是大聲說話還是吵架，
所以聲音一大，他們便會感到焦慮不安，
並透過哭泣、吵鬧等方式確認是否安全。

主要照顧者要隨時留意並處理孩子需求，
爸媽一致性的回應能讓孩子發展依附感。
依附經驗將影響他未來的人際互動關係。

照顧的責任喬不攏

爲什麼都是我在照顧?!

午夜時分，外頭飆車族呼嘯而過，好不容易才哄睡的小樂，又哭了。被吵醒的國越，推了推媞萱，說：「你去哄一哄他，我明天一早還要上班耶！」

為了照顧小樂，連續好幾天睡不好的媞萱，一聽到國越這樣說，實在按捺不住心裡的不開心，說：「煩那，我明天就不用上班嗎？」

國越覺得自己努力撐起家裡的經濟，每天累得半死，晚上想好好休息卻不得安寧，偏偏老婆又不知道在鬧什麼脾氣，他快受不了了，但還是心平氣和說：「拜託啦，妳就起來看看孩子怎麼了！」

媞萱嘀咕著，自己薪水雖然比老公少，但少了這份薪水，家庭開支仍會陷入吃緊狀態，下班後，誰都想放鬆，她卻要擔起照顧孩子的全責。媞萱掩蓋不住怒氣，說：「為什麼每次都我顧，孩子也是你的，你不用負責嗎？」

國越一臉無奈，說：「因為小樂就要妳哄才會停啊！妳就去抱抱他，又不會怎樣！再這樣吵下去，我們是要幾點才能睡。……」

夫妻倆愈講愈大聲。小樂也開始幾近嘶吼地大哭，但誰都不願意先去抱抱小樂。這時，有人敲門了。

媞萱和國越來不及反應，門就被打開了。小樂的阿嬤走進來、抱起小樂，嘴裡邊念著：「你們都別吵了，乖孫子我來顧……！」

孩子的心聲

嬰幼兒對「聲音」很敏感。無論人在講話、汽機車引擎、機器運轉等聲音，都可能讓他們從睡夢中驚醒。當孩子被嚇醒時，照顧者的安慰是他們重新擁有安全感的最佳方式。若無法立刻獲得關懷，孩子就會持續存在恐懼中。

「哭」則是大多數的嬰幼兒最直接的表達工具。還不會講話的他們，會利用自己的哭聲，來表達害怕及想被關注的期待。萬一這樣的需求沒能立刻被滿足，孩子通常會一哭不可收拾。

案例中，當爸媽的爭執聲，傳到被飆車聲吵醒的孩子耳裡，讓本來就焦慮不安的他，產生更多的負面情緒。然而，他的反射動作就是哭，企圖用哭來表達自己的想法：**「我被吵醒了，卻沒有人立刻過來關心我，只好發出更嘶吼的哭聲，讓爸媽趕緊來安撫我。」**

大人的苦衷

照顧剛出生的嬰兒，是相當辛苦的。尤其現在幾乎都是雙薪家庭，爸爸和媽媽都得外出工作，好負擔家中開銷。當經歷了一整天的工作之後，最需要的就是休息。不過，往往因為嬰兒夜晚的睡眠狀況不穩定，連帶影響大人的休息時間與睡眠品質。

主要照顧者也需要幫手與體諒。在這個案例中，媽媽大概是孩子的主要照顧者。爸爸或許因此認定「夜晚起身哄小孩，也算是媽媽該做的事情」，或覺得「媽媽本來就比較知道該怎麼哄小孩，當然要由她來照顧」。不過，爸爸卻忽略一件最重要的事——即使是主要照顧者，也需要休息。於是，在照顧責任未妥善溝通與分配之下，夫妻雙方很容易為此而爭執。

專家給鑰匙，開啟家庭正關係

嬰幼兒的「睡眠品質」，關乎他們的生理發展與情緒反應。良好的睡眠品質是大腦發展的關鍵，也是穩定小孩情緒的關鍵。因此，規律的睡眠能讓嬰幼兒的性情較為穩定，父母在照顧上，壓力自然降低不少。

若無法藉由調整環境（如更換房間），來減少外在的吵雜因素，大人就必須在嬰兒感到害怕時，用熟悉的聲音回應他，或用溫暖的擁抱安撫他，這是立即給予安全感的最佳方式。

當新生兒的睡眠情況不穩定時，夫妻之間更需要良好溝通。舉凡照顧工作的分配、彼此情緒的支持等。夫妻雙方要共體時艱，以小孩的需求為出發點，而非執著於公不公平的問題，否則，很容易像案例中的夫妻，各持一詞、誰也不讓誰。到最後反而是阿嬤跳出來，小孩才獲得照顧。

千萬不要認定身為主要照顧者，就要不眠不休。其實，對大人而言，充足的休息是非常重要的，像是此案例中的阿嬤，就是家中的照顧資源之一。適時地尋求親友協助，才能獲得喘息的空間。

設身想一想

☺ 家裡的孩子是否常發生半夜起床哭鬧的狀況？

☺ 除了照顧孩子，還有哪些家務需夫妻分工？又要如何與另一半討論？

☺ 最近一個月以來，夫妻倆都有好好的休息或放鬆嗎？

婆媳的餐桌管教學

我的孩子我自己教就好

王琴無奈地上了先生的車。每週末例行公事，就是回公婆家吃飯。一踏進公婆家，就是一桌子豐盛佳餚等著他們。婆婆見到他們，便問「怎麼又這麼晚才來」。王琴沒有回應。

上了飯桌，王琴先幫女兒雯雯裝飯菜，讓雯雯自己吃。雯雯年紀小，邊吃邊掉，弄得滿桌滿地都是。婆婆看了，略顯不悅地碎念：「唉唷，雯雯怎麼會吃成這樣呢？表哥丞丞多乖呀，都不用特別教耶。」

餐桌就這麼大，王琴怎麼可能沒聽到婆婆說些什麼，但她選擇不回應，若無其事地繼續教導雯雯「湯匙怎麼拿」「飯菜怎麼送到嘴裡」……。

這時，婆婆靠過來，想餵雯雯。王琴告訴婆婆「雯雯已經能學習自己吃飯了」。怎知婆婆仍堅持要餵，還說：「她哪會自己吃，弄得滿桌都是。我來餵，我以前也都這樣教我兒子的。」

眼看先生沒反應，王琴也不甘示弱、提高分貝說：「這是我的孩子，我自己會教！她這個年紀，是應該要學著自己吃飯了！」

婆婆聽了，拍桌大罵：「她是我的孫女，你這樣教不對！」

雯雯被突如其來的巨響嚇到了，動也不敢動地看著王琴。王琴抱起雯雯，打算起身離開餐桌，卻被先生拉住。一陣拉扯之後，王琴甩掉先生的手，走向客廳。顧不得大哭的雯雯，三個大人就在客廳大吵一架。最後，是先生帶著王琴返家，才結束爭執。

孩子的心聲

嬰幼兒階段的孩子，除了基本的溫飽之外，也非常需要建立安全感。擁有安全感是孩子能夠穩定自身情緒的關鍵。大人之間的爭吵聲，往往就是造成孩子緊張與焦慮的主要來源。

這個年紀的孩子，或許無法清楚得知「大人到底發生了什麼事」，但是他們對於所處環境的感受，是相當敏銳的。**當孩子發覺到，自己（好像）是引起大人爭執的導火線時，他們便會覺得無所適從、不知所措，以為是自己做錯了什麼事情。**

案例中，媽媽把孩子抱走、跟先生的拉扯，也會造成孩子的驚嚇。這樣子的行為，可能會讓孩子恐慌、大哭，擔心「是不是連媽媽都沒有辦法保護我」，因而產生不安全感。

大人的苦衷

每個人要適應不同的環境都是困難的，更何況是不同的家庭背景。案例的媳婦為了不引起爭端，只好盡量不回應婆婆問話、減少與婆婆的互動，維持表面和諧。但身為孩子的主要照顧者，當覺得自己建立的教養規則被破壞了，不論是誰，恐怕都是難以隱忍。

畢竟，主要照顧者對孩子的成長、學習最熟悉，也有一定的規劃，第三人的介入，可能會讓孩子無所適從，或破壞了原本的規矩。案例中，媳婦也是在這個時候，才與婆婆有了言語上的衝突。

很多時候，婆媳之間發生問題，很難聽到既是兒子又是先生的男性出聲，對他們來說，這兩方都是不能得罪的女人。就如同案例中的先生一樣，整個過程幾乎都保持沉默，這對他而言，反而是比較不破壞和諧的方式。

專家給鑰匙，開啟家庭正關係

觀察孩子面對大人爭吵的反應，就能看出他的不安。案例中，原本專注於飯碗的孩子，因周圍聲音變化、轉為觀察大人表情時，就表示他已經發現「氣氛不對」了。生理發展較快的孩子，大約七、八個月大，就能從說話口氣感受到大人的情緒起伏，並藉此區分，自己是處在友善或不友善的環境。

不過，**對於「大聲講話」與「吵架」這兩件事，孩子還不太能分辨，只要周圍的大人講話稍微大聲一點，孩子就會受到驚嚇**。孩子哭泣，就是一種警訊——「你們的音量讓我很害怕，可以小聲一點嗎」。

發現孩子哭鬧時，試著安撫他、告訴他「沒事的，我們不會再吵架了」。孩子的情緒會因為爸媽爭執而受影響，若長期被忽略，會讓他對人產生不信任感，及因沉浸在焦慮中，對性格發展造成負面影響。

孩子的學習沒有絕對的起跑線。父母雙方甚至與其他親友要能達成共識，一致的想法與標準，是最佳理想目標。即使方法略有差異也無妨，因為孩子有足夠彈性，能學習、適應在不同地方與環境有不同的規範。

回到這個案例，爸媽應該做的是「**讓孩子知道在家中與在外面時，本來就存在一些差異**」。例如，在阿嬤家或許就得遵守阿嬤的標準，但回到家中，就必須遵守父母的標準。

設身想一想

☺ 當親友介入你教養孩子的方式時，該如何因應、面對？

☺ 若孩子看到大人的爭執，事後你會如何向孩子解釋、說明？

☺ 身為夾心餅乾的老公，如何處理家人與太太間的意見不一致？

重組家庭的新關係

看著大人從吵架變打架

姿華剛走出一段破碎婚姻，獨自帶著三歲的女兒希希生活。平時靠打工賺取一些家用，但根本入不敷出。直到遇見文翰，姿華很快地投入這段新戀情。

隨著相處時日增長，文翰與姿華的感情，因為大小爭執而起了變化，尤其是錢的問題。有時，文翰較晚回家，兩人的爭吵聲往往嚇得已經入睡的希希，害怕地在床上哭鬧。即使姿華抱起希希，也止不住他的眼淚。後來，文翰也不顧希希了，直接與姿華爭論。

某日，文翰因為應酬喝了不少酒，回家後，姿華念了幾句，兩人的爭吵又開始了。這一次，兩人沒有吵太久，因為文翰把姿華推倒在沙發上，姿華愣住了，未再與文翰對話。希希則跑去抱著媽媽，但他不敢看文翰。母女倆就這樣彼此抱著坐在沙發上。

後來，兩人從單純爭吵，演變成肢體衝突，常常大打出手，姿華也顧不了女兒了。希希變得只敢躲在房間裡，透過門縫偷偷地看。

這天，姿華受不了長期處於爭吵模式，向文翰提分手。喝醉的文翰不滿姿華要求，又吵起來。被嚇醒的希希吵著要姿華抱，不論姿華如何訓斥要她回房間，希希仍站在客廳大哭。文翰忍不住打了希希一巴掌，要她閉嘴。接著，又把愈哭愈大聲的希希帶進房間，斥吼：「**再哭就打死你。**」

隔天，姿華帶著希希到醫院就診驗傷。

孩子的心聲

孩子目睹媽媽與同居人的爭吵，起初可能因為說話音量增大，感到疑惑、不確定接下來會發生什麼事。後來，**孩子會開始害怕家中的氣氛改變，及擔心自己不再被大人關注**。

隨著爭吵愈演愈烈，甚至延伸成為肢體暴力時，孩子更需要彌補心中缺乏的安全感。**透過大人的肢體接觸，能讓孩子穩定情緒、獲得安慰**。孩子躲在房裡、從門縫偷看，是擔心「媽媽會不會因此受傷」，也擔心「自己會不會是下一個被打的人」。這是孩子遇見暴力時，最為直接的思考與反應。

大人無法忍受孩子哭泣，使用暴力手段（如甩巴掌）來制止孩子，會讓孩子加深恐懼感，因而以為自己提出要求或表達情緒是不對的，這將導致孩子日後不敢表達、壓抑真實情緒。

大人的苦衷

媽媽渴望愛情與經濟有依靠，快速投入新感情。大人彼此未有足夠認識，以致意見不合時，無法找到有效溝通方式，只能一再爭吵。時間一久，大人的負面心情也會轉嫁到孩子身上。同居人情緒控管能力欠佳，而媽媽僅以爭吵表達不滿，也是雙方關係日漸惡化的因素之一。

此外，媽媽面對自身情感問題已經自顧不暇，更遑論有時間去協助孩子認識新關係。不只沒讓孩子理解「與爸爸關係已結束（或為什麼要結束這段關係）」，就迅速進入新關係，也未針對與同居人的關係做說明。

面臨情感困擾，甚至波及孩子安全議題時，媽媽會產生自責與愧疚，生氣自己識人不清，或怨天尤人覺得不幸發生在自己身上。存在這些複雜的思緒，實在難以用理性態度向孩子說明一切。

專家給鑰匙，開啟家庭正關係

重組一個家庭，本來就是不容易的事，其中家人間的關係維繫，更是一門深奧的課題，大人要情感穩定，亦熟悉彼此性格、習慣與成長背景等。此外，讓孩子與新的另一半熟識，建立良好的互動，也是重要的環節。

華人父母要向孩子說明「自己的親密關係狀況」是困難的。不少父母自認為「孩子應該會明白」，因而刻意迴避或忽略這個議題。然而，迴避與忽略的結果，將讓孩子錯誤解讀，形成誤會。

當親子之間的歧見日益增加，演變到最後就成為永遠都解不開的死結了。「解釋」是一個必要且容易的過程，透過親子間的自然互動，**用孩子能理解的言語、詞彙或故事，來向他說明爸爸（或媽媽）目前的新關係，及主要照顧者的決定是什麼。**

特別要注意的是，**主要照顧者在既有的家庭模式轉變後，得留意嬰幼兒的行為是否跟過往有不一樣的地方，與能否適應新的家庭關係。**若孩子正處青少年階段，則要留意是否因為熟悉領域被外人侵入，而產生憤怒情緒。

練習讓自己並帶著家人往前看。即使婚姻挫敗也不需過度自責，不要花太多的時間去探究成因，而是要把焦點放在如何幫助自己（或家人）承擔，並學著負起責任。

設身想一想

☺你期待的家庭藍圖是什麼樣子？理想的家應具備哪些功能？

☺當婚姻挫敗、接續情感也面臨困境，該怎麼幫自己、尋求誰的協助？

☺當孩子遭到另一半的暴力對待時，身為最親密的媽媽（或爸爸），該如何進行事後補救，將傷害減到最小？

經濟壓力殃及無辜

大人背債，爲何打我出氣？

瓜瓜的爸媽交往多年，在親友的祝福下步入禮堂、邁向新生活。他們共同經營飲料店，一起為家庭打拚，生意做得有聲有色。一年後，瓜瓜在父母的期盼下加入了這個家。夫妻倆蠟燭兩頭燒，卻也甘之如飴。

但一場食安風暴讓這個幸福家庭出現了裂痕。塑化劑危機導致飲料店生意下滑，收入減少、積欠貨款，夫妻倆不得不結束營業。

此後，夫妻倆吵架，幾乎都是為了「錢」。吵得不可開交，家庭氛圍低迷到讓人窒息。每當瓜瓜聽到爸媽的吵架聲，就會感到緊張，他試著用哭聲來吸引大人的注意，希望以此來制止爸媽爭吵。

某次，氣得失去理智的爸爸，認為瓜瓜故意找麻煩，竟猛然將他抱起、大力搖晃，還大吼「閉嘴」。瓜瓜嚇壞了，哭得更慘更大聲。眼見方法無效，爸爸直接將瓜瓜摔在床上。瓜瓜繼續大哭，直到精疲力竭，睡著了。此後，瓜瓜晚上睡覺時會突然驚醒且哭鬧不休，任憑媽媽如何安慰，都難以停止。

家中經濟狀況始終沒好轉，爸爸變得愈來愈沒有耐心，一聽到瓜瓜哭聲，情緒就會異常暴躁，甚至為了讓瓜瓜停止哭泣，還會用菸燙他的手心及腳底，或用枕頭整個蓋住瓜瓜的臉。

爸爸的暴力行為日漸頻繁，媽媽完全制止不了。為了保護瓜瓜、不讓瓜瓜繼續被傷害，趁著爸爸不在，媽媽帶著瓜瓜到派出所報案。

孩子的心聲

孩子持續很長一段時間聽見爸媽吵架，就能明顯感受到家中的緊張氣氛。這種氣氛會讓孩子的心裡，產生不安全的感覺。由於無法直接透過言語表達心中的脆弱，或擔心吵架中的大人會忽略他的需求，只好用哭的方式來告訴爸媽「我真的很害怕」，希望大人能停止爭吵、注意到他，更希望自己的害怕，可以獲得大人的安慰。

艾瑞克森（Erikson）的心理社會發展理論觀點，**提到嬰幼兒期是「發展基本信任關係的關鍵時期」，應該與大人建立依附關係**。然而，案例中的爸爸卻在孩子哭泣時，因為不耐煩而出現暴力行為，導致孩子的驚嚇程度加劇。這類的對待模式，容易讓孩子對外界產生不信任感，未來可能因此不易與他人建立信任關係。

大人的苦衷

夫妻來自不同的家庭、不同的生長環境與教育背景，兩個人長時間相處在同一個屋簷下，意見不合在所難免。有時候，吵架算是一種溝通方式，可以讓夫妻表達自己心中的想法，讓彼此更加了解。

不過，要是經常為了同一件事情而爭執，而且總是沒有結論的話，不只代表這個架是「白吵了」，還會導致夫妻關係緊張。夫妻間情感受到傷害、情緒難以恰當克制或處理，恐怕孩子也連帶受到影響。

的確，龐大的債務往往是造成家庭爭執的主要因素，就曾有數據指出，八成的夫妻吵架都是為了錢。但經濟層面的問題，並不會因為吵架而消失，必須適時地向外求援，並做妥善規畫，才能一筆一筆解決。

專家給鑰匙，開啟家庭正關係

人在困境危難時，總期待身旁有個安全依附的對象，這個對象可以給予保護、安慰、鼓勵。英國心理學家約翰・鮑比（John Bowlby）的依附理論，提到主要照顧者敏銳地回應嬰幼兒所發出的訊息，會使他們擁有安全感，未來更具探索外在世界的信心。別以為孩子年紀小，不知道什麼是吵架，或覺得孩子很快就會忘記打罵的畫面，而忽略、漠視孩子的反應或情緒。

「目睹爭吵」不光指直接看到打罵畫面，亦包含間接聽聞事情經過，或事後看到大人所受的傷（如瘀青、哭泣）。許多研究顯示，未成年子女若長期處於此環境，很可能會有對世界感到無望、無助、憤怒等情緒反應。

大人要學著克制，別讓情緒暴走。氣頭上說出傷害對方的話，或做出鄙視的表情與動作，只會讓事情更加難以收拾。**衝突當下，若感覺氣氛即將失控，**

要先冷處理、停止對話、離開現場，待雙方都冷靜下來，再來談。除了防止夫妻感情持續惡化，也避免傷害到無辜的孩子。孩子肯定希望自己能生活在美滿的家庭，這也是為什麼他們總在爸媽吵得不可開交時哭鬧。家長要關心孩子的一舉一動，並給予正確的回應，以滿足孩子的需求。

在遇到家庭經濟危機時，適時尋求親友的支援，可以獲得喘息的時間與空間。**用理性的態度，進一步進行有效的溝通與討論，安排解決債務的方式，或許能帶給家庭新的氣象。**

設身想一想

☺ 當你與另一半吵架時，有沒有觀察過孩子的反應如何？

☺ 當你與另一半面臨危機或意見不合時，你認為怎麼做會比較好？

分離引起的棄養情結

爲什麼要把我丟給爸爸？

爸媽在琦琦一歲半時協議離婚了。當時，雙方協議琦琦由媽媽照顧，而爸爸則於每月的第二週週六帶琦琦回去同住，週日晚上再帶回媽媽家。依照這個方式，穩定執行了大概一年……。

又到了週六。琦琦一早就賴著不想起床。媽媽走進房間，硬是把她從棉被裡抱起來。琦琦生氣到什麼都不做，不穿衣服襪子、不刷牙洗臉。媽媽氣急敗壞，罵她：「今天要去妳爸那，快點用一用，不然妳爸又要碎念了。」

被罵的琦琦，索性就趴坐在地上，耍賴哭泣。此時，電話響了，電話那頭傳來爸爸的聲音：「我到樓下了，妳快點把她送下來，我馬上就要走了。」

琦琦知道是爸爸打來的，哭得更大聲了。媽媽幾乎要失去耐性了，對著琦琦大喊：「**拜託，不要再哭了，哭還是一樣要去！**」

媽媽邊說，邊把琦琦抱起來，一路抱到一樓。看到爸爸伸出手要抱她，琦琦更是抗拒。爸爸見狀，便指責媽媽：「**為什麼每次都拖拖拉拉，還讓她哭得這麼慘？**」。

媽媽要爸爸自我檢討，為什麼琦琦這麼不想見他、跟他回家。最後爸爸說：「**還不都是妳造成的，當初如果不是妳執意要離婚，會搞成這個樣子嗎？**」

媽媽瞪著爸爸，不知道該怎麼回答，直接開了車門，把琦琦放到後座的安全座椅上，轉身就走進社區。留下不知道該如何是好的爸爸。

孩子的心聲

孩子不可能喜歡面對「父母相互指責」的狀況，因為不論是爸爸或媽媽，都是他最深愛的人。案例中的爸媽，倘若持續在會面、交付孩子的時間，就互相指控、責難，未來每次要與爸爸見面，孩子勢必又會重複上演不肯配合的戲碼。孩子心裡想的是：**「如果我不要跟爸爸見面，他跟媽媽就不會吵架了。雖然，我會很想念爸爸。」**

分離的父母在交付孩子時，態度非常重要。如果處理不當，會讓孩子感覺到「自己被遺棄」。正如案例中的爸爸，每次接孩子就是大小聲的對話，而媽媽把孩子放到車上之後，通常頭也不回就走了。這些行為，都會使孩子感到疑惑：**「為什麼媽媽不能跟我一起去？為什麼媽媽把我丟給爸爸？為什麼幾天之後，爸爸又再把我丟回給媽媽？」**

大人的苦衷

對媽媽來說，負起照顧孩子的責任，是很辛苦的事，除了每天打理孩子生活起居，還要兼顧工作。至於，孩子是否要配合進行會面，根本不是媽媽可以掌握或預測的。爸爸卻以命令的口吻，要求媽媽趕快把孩子帶下樓，這會讓媽媽覺得「孩子之所以不合作，都是因為爸爸」，進而把無法照顧好孩子的責任，轉移到爸爸身上。

只有週末需要照顧孩子的爸爸，似乎很難去體會媽媽身為主要照顧者的辛苦。對爸爸而言，兩週會面一次而已，媽媽不過是要協助交付、帶小孩下樓罷了，這麼簡單的事，為何總是不能準時，甚至懷疑媽媽是故意拖延、耽誤會面時間。爸爸因為單方面的想像，導致在面對媽媽時，無法心平氣和，不好的情緒很快就浮現出來。

專家給鑰匙，開啟家庭正關係

關注孩子內心狀態。父母得告訴孩子「為何要離婚」「為何離婚比較好」「好的定義為何」等。面臨類似案例的狀況，孩子的疑惑更多：「為何媽媽不喜歡爸爸對我好」「為何爸爸對媽媽這麼凶」「為何爸媽一見面就吵架」。

不妨這樣告訴孩子：「原本爸爸跟媽媽都以為能好好地談，就像我跟○○○講話，那樣小小聲的。可是，我跟爸爸（或媽媽）說話時，忍不住就會大聲起來。這樣對身體不好，我們也不開心，住在這個家的人都會不舒服。所以，我們選擇分開住。但就算分開，我們還是你的爸爸跟媽媽，你不用擔心。」

兩方妥善配合，讓孩子知道沒有任何人會剝奪他被愛的權利。因為離婚的關係，孩子必須爸媽住處兩地跑，除了執行「移動孩子」的任務外，也要關注孩子內心的壓力與不安。

為孩子做好規畫。提前幾天提醒孩子，讓他知道會面時間與返家時間，這樣一來，他們心理做好準備，情緒上也會比較穩定。此外，讓孩子攜帶平時使用的毛巾、玩偶等，可以增加他的安全感。

克制自我情緒，盡量不在孩子面前爭吵。畢竟，離婚的父母最需要談論的是孩子，而不是那些不開心的過往。

設身想一想

☺分離的夫妻溝通時，如何避免過度揣測對方的言行舉止？

☺遇到有關孩子的事，分離的夫妻可以透過哪些方式進行溝通？

☺當孩子「拒絕會面、交付」時，該如何安撫或鼓勵孩子？

大人一方再婚之後

媽媽別來，爸爸討厭你！

「妳有什麼資格來帶走善善？真的想要看小孩，就來我們家看！」聽到前夫這麼說，文蕙只能掛上電話後，低著頭啜泣著。

三天後，文蕙總算鼓足勇氣來到俊民家。上了樓、按了電鈴。俊民一見到文蕙，嘴巴就停不下來：「妳還好意思來啊！我看你根本就忘了善善了吧！你現在都已經有了新家庭，兒子早就不重要了……。」

為了與孩子見面，文蕙不得不忍受前夫的言語攻擊。不過，文蕙發現善善變得不一樣了。之前善善一看到媽媽來，就會主動趨前擁抱，捧著媽媽的臉頰親吻，這次竟然刻意閃躲，甚至不給抱。

俊民一看到這種情形，更是不放過前妻，繼續在一旁冷言冷語：「妳看吧，現在連小孩都不想理妳這個媽媽了！」

一直等到文蕙拿出餅乾與玩具後，善善才願意與文蕙互動，但是，彼此的熱絡感卻不同以往。文蕙的內心突然覺得很害怕。她想起過去還沒與俊民離婚之前，這個家的人就從來沒有對她釋出善意、給她好臉色看，怎麼現在連孩子都變得如此陌生了呢？

偏偏她跟孩子的相處，每週就只有會面的兩三個小時，實在很難知道善善怎麼了。聽著前夫冷嘲熱諷，文蕙心中的恐懼倍增，她好害怕失去這孩子。

孩子的心聲

孩子經歷過父母分離議題，性格上總是比一般孩子來的獨立、對周遭事物也更敏感。案例中的孩子，之所以對媽媽冷淡以對，也許是聽到爸爸時不時就嘲諷的影響，因而導致孩子出現以下疑問：

「媽媽，為什麼你要來看我呢？爸爸好像很討厭你的樣子？他常常跟我說，你很壞，還跟和別人結婚。**如果我愛你、跟你太好的話，爸爸就會不喜歡我嗎？**為什麼以前不會這樣呢？**我可以假裝沒看到你嗎？**」

後來，媽媽拿出玩具、餅乾，小孩就能明顯感受到善意，他的想法雖然轉變，但仍充滿不確定性：「**媽媽好像沒有爸爸說的這麼可怕（惡）**，還會帶東西來給我，應該跟以前一樣愛我吧？可是，**不知道為什麼，在旁邊的爸爸好像還是很生氣，**難道他不希望媽媽愛我嗎？」

大人的苦衷

對爸爸來說，提出離婚的媽媽，是破壞家庭完整性的劊子手，媽媽既然選擇離開家，也就失去了與孩子親近的資格。爸爸甚至認為，讓媽媽來探視同住的孩子，將會破壞自己為孩子重新建立起的堡壘與生活規則，因此厭惡見到媽媽（前妻），甚至對於探視百般刁難。

對媽媽來說，離婚是不得已的決定，但這並不代表要捨棄孩子。她希望可以在追求自己想要的生活同時，也能與孩子保持一定的親密。不過，前夫的冷嘲熱諷，讓媽媽在「探視孩子」這件事上，受到了很大的傷害與羞辱。

然而，當看見爸爸總是對前來探視的媽媽，不客氣地言語攻擊，孩子就會變得愈來愈退縮，親子之間的關係，也會愈來愈疏離。媽媽不免擔心「會不會某一天就看不到孩子了」。

專家給鑰匙，開啟家庭正關係

面對父母離間彼此，孩子在無形之中也會受到傷害。

「離間」指的是父母其中一方，對孩子灌輸另一方的負面印象，抑或是父母雙方都分別在進行這件事。這會造成孩子的壓力，因而出現退縮、恐懼與另一方互動（甚至拿東西丟人）的舉動。這是孩子用來證明「自己與對方劃清界線」、表示對主要照顧者的忠誠。

主要照顧者的想法，也許很單純。他們認為，要是能把孩子拉過來、站在自己這一邊，就能占有更多的優勢。不過，他們往往忽略，孩子之所以如此做選擇，是屈於權威、屈於想要被愛的抉擇。

對年紀小的孩子來說，被要求「選邊站」是一件相當痛苦的事情。畢竟，一邊是爸爸，一邊是媽媽，兩個都是他最愛的人。於是，**左右為難的孩子，只**

好用「在爸爸面前做一套，在媽媽面前說另一套」，好讓自己盡可能不失去爸爸或媽媽的愛與關懷。

別再逼孩子了，讓孩子同時擁有父愛跟母愛的權利吧！更何況，當孩子長大了，有了自主的意識，他的選擇就不再是父母可以左右的了。一旦大人企圖介入或控制，孩子的反彈可能會超出預期。

若處於與案例相近的情況，主要照護者不妨先問問自己「為何要施予孩子壓力，以致他得刻意隱藏想念或愛他媽媽（或爸爸）的想法」。他方則要試著理解「為什麼對方要離間孩子與媽媽（或爸爸）的關係」「對方的考量重點是什麼」「對方是否在擔心，當他方與孩子建立穩定的情感之後，主要照顧者的地位會不保」。

如果對方主要的擔心，是害怕失去孩子，就讓他明白，任何人都無法取代雙親對孩子的愛，而自己自然也不會刻意去侵害孩子被愛的機會。如果是大人之間的情感糾葛，則必須與對方說清楚，彼此的關係已經結束了，以往的不愉快、不甘心等，都不應該轉嫁到孩子身上。

至於，被離間的孩子，也需要大人足夠地支持。不論如何，要記得**向孩子保證，不會剝奪任何人對他的愛，尤其是爸媽，因此，不需要去討厭爸爸（或媽媽）或刻意保持距離。**

設身想一想

☺你曾在孩子面前指責另一半嗎？當下你有注意孩子的反應嗎？

☺若你是同住的一方，你會介意孩子跟另一方密切互動嗎？

☺若你是探視的一方，在無法順利探視時，你會如何處理？

3～6歲

大人爭吵別失控，孩子才不會負面學習

學齡前的孩子，思考多是以自我為中心，
當目睹大人爭執，易歸咎於自己不聽話，
內疚感與焦慮的情緒，導致學習力降低。

家庭是第一所學校，父母則是學習對象，
爭執當下，若經常口出惡言或暴力相向，
對孩子來說，是最直接的負面學習教材，
一旦孩子仿效，未來人際關係將出問題。

有樣學樣、出口成髒

吼，你是白癡、是智障呀！

小呂跟佳佳是大學的班對。大學快畢業之際，佳佳發現自己懷孕了。雙方家長樂見其成，於是，兩人在親友及同學的見證下結為連理。

小呂當完兵之後，工作的過程挫折不斷，最後決定回到父母經營的便利商店擔任店長，支撐起一家三口的經濟。生下孩子的佳佳，則成為家庭主婦，在家中照顧他們的兒子佑佑。

一轉眼，佑佑四歲了。奇怪的是，小呂對待佳佳的態度漸漸變了。小呂會要求佳佳一定要照他說的話行事，只要佳佳沒有按照指示去做，小呂就會對佳佳口出惡言，不時辱罵佳佳「白癡」、「智障」、「笨蛋」之類的話。

起初，佳佳以為小呂的工作壓力大，所以多半忍讓。但時間一久，佳佳也難以忍受小呂獨裁式的言行，開始會不甘示弱地直接反駁：「**對啦！你最行**」「**你這麼厲害，就自己去做啊**」。

互不相讓的情況下，夫妻倆愈吵愈凶。每一次的激烈爭吵，佑佑都嚇得躲在房裡發抖，但小呂和佳佳卻都沒有發現佑佑的恐懼。

直到最近，透過幼兒園的老師得知，佑佑在幼兒園常與同學吵架，而且還會罵同學「**白癡**」、「**智障**」。這時，小呂與佳佳才發現，他們的爭吵已經嚴重影響到佑佑了。

孩子的心聲

孩子出生後，第一個接觸的社會就是家庭，爸爸與媽媽身為主要照顧者，是孩子學習、模仿的對象。尤其，**學齡前的孩子，還無法分辨是非對錯，只會模仿他覺得有趣或印象深刻的行為**。案例中的孩子在幼兒園與同學吵架時，罵不好聽的話，就是學爸爸對媽媽的用語。

經常目睹爸媽吵架的孩子，會產生複雜的心理反應，他們會對過去經驗到的吵架聲感到害怕，並衍生出對整個環境的不安。案例中的孩子，遇到這種狀況時，乾脆就躲進房間，利用外在空間營造一個讓自己獲得安全感的環境——**假裝自己聽不到、看不到父母的爭執**。

此外，若爸媽習慣性在孩子面前互相抨擊，並用貶抑語言攻擊對方，恐將造成孩子日後複製同樣模式，來應對周遭的人事物。

大人的苦衷

爸爸可能因為投入職場的過程遭受挫折，加上他認為媽媽沒有社會經驗、想法單純，所以為了保護媽媽、孩子，還有這個家，而希望媽媽凡事聽他的，好讓這個家盡可能不受到傷害。但也可能是爸爸未轉換職場上與家庭中的角色，在職場擔任主管職，習慣發號命令，回到家也用相同方式對待另一半。

媽媽或許缺乏工作經驗，但她並非完全與世隔絕。畢竟，現今資訊取得便利，仍可以透過很多管道獲取新知。此外，她有自己的認知與想法，當然不願意自己的生活或做事方式，總是受到先生的控制與安排。

然而，雙方並沒有對此進行良好溝通。爸爸認為自己好心沒好報，對媽媽失去了尊重，媽媽則認為自己被瞧不起，用冷言冷語回擊。雙方你來我往，爭吵愈來愈嚴重，無法解決問題，也傷了彼此的感情。

專家給鑰匙，開啟家庭正關係

倘若繼續對話下去，只會引發爭端，建議停下腳步，等雙方心情平復再溝通。溝通不限於面對面，擔心當面講開會情緒失控，不妨用簡訊、通訊軟體、電子郵件、紙條等方式，**以不帶批評、貶抑、嘲笑或謾罵成分的中性字眼，讓另一半了解你的態度與想法**。若對自己的遣詞用字沒把握，可先找親友討論。

孩子目睹爸媽吵架，未獲得大人的說明與關心，會造成以下影響：**孩子未來可能重覆爸媽的吵架方式，及因長期處於衝突環境，而使安全感降低，焦慮感提高**。焦慮會導致孩子解決事情及觀察學習的能力變差。即使孩子智力與其他孩子無異，亦會因焦慮降低思考力，導致成長速度比其他孩子慢，如學習較差、學到的東西很快就忘，進而導致孩子無法獨立，或失去自信心。這些都只會使得照顧者更加疲累。

應該讓孩子看到，爸媽正在溝通，而非情緒化地一直批判對方。透過理性表達自我看法，可成為孩子的學習模範。將來孩子與人來往，遇到意見不合和衝突時，他便會懂得使用正確的方式處理。

夫妻吵架後，最好可以一起聽聽孩子的感受（亦可個別執行），藉此來安慰、紓解孩子的情緒。若孩子不願意吐露心情，不必逼迫，反而要多留心孩子的一舉一動，從旁觀察他是否因為這件事，受到不良影響。

設身想一想

☺當你希望另一半聽取你的意見時，該怎麼跟他說？

☺當另一半認為你的想法、做事方式不對或不好時，你如何回應？

☺承上題，你的回應方式有效嗎？如果無效，要如何改善？

把父母分離歸咎自己

爸爸不要我、媽媽不理我

一大早，幼稚園老師一如往常地站在門口迎接同學，香香跟平常一樣，由媽媽陪著來上學。香香母女牽著手，卻不像平常說說笑笑。兩個人的心情看起來都不太好，香香的眼睛還有點紅紅的，泛著淚光。

老師發現了香香母女的異狀，於是請別班老師先帶香香進教室後，便順口詢問媽媽，是不是發生了什麼事情。媽媽猶豫了一下，說：「沒有什麼事啦！老師，我趕時間，先走了。」

回到教室，老師看見平常活潑的香香，竟然自己一人靜靜地坐在位置上，也沒跟同學玩耍，似乎真的有些反常。他走近香香身邊，輕輕地拍拍她的肩膀問：「香香，怎麼了啊，妳看起來好像很難過？」

這一問，香香哭了起來。抽噎地說：「昨天爸爸說『他跟媽媽不能在一起生活，他要離開家』，不回來了。如果我聽話，他會來看我嗎」「然後，爸爸就走了，整個晚上都沒回來」「媽媽也不理我、不跟我說話」「老師，是不是我不聽話，所以爸爸不要我、媽媽也不理我」。

老師心疼地安慰香香，說：「不是，跟香香沒關係，香香很乖。我猜，是爸爸跟媽媽吵架，他們都太生氣了，爸爸才會暫時離開、冷靜一下。媽媽的心情也不好，沒辦法跟香香好好說話。香香別擔心，不是妳的錯！」

香香看似稍微放心，跟老師點點頭。老師微笑地整理香香可愛的瀏海，心中一邊想著：接下來該怎麼做，才能讓香香不那麼擔心害怕？

孩子的心聲

心理學家艾瑞克森（Erikson）的人格理論指出，3～6歲的孩子正在發展主動與內疚，若發展順利，就能擁有獨立作業的能力，要是「內疚」成為孩子的選擇，孩子的發展將會變弱。如同故事中的香香一樣，把爸爸的離開、媽媽的冷漠，都歸咎為是自己不夠好、不夠乖，一旦香香選擇相信這樣的想法，香香就會感到惶恐、無法安定，她的人格發展也會因此阻滯不前。

此外，也因為孩子無法切割自己與他人（尤其是主要照顧者）的連結，**他們會把身邊所發生的事都視為與自己相關，進而認為都是自己造成的。**千萬要記住，孩子的感受是相當敏銳的，即使大人沒有明講，也從未在他們的面前發生爭執，**孩子仍能從彼此的互動覺察到不一樣的氛圍。**

大人的苦衷

夫妻兩人的性格，即使沒到截然不同，也不可能完全一樣，因此不免會有大大小小的生活瑣事，需要透過溝通來磨合。如果兩人對大部分的事情，無法達成共識，累積下來的問題，很可能造成關係決裂，形成無法修復的局面。

爸爸或許不知如何繼續應對夫妻關係，以致雙方的糾結無法解開，只好選擇（暫時）離開，好讓自己有時間、空間可以冷靜下來。但卻沒有把這樣的決定向媽媽及孩子說清楚，讓留下的人來不及面對，情緒受到影響，連帶讓孩子出現錯誤聯想，把錯歸咎在自己身上。

媽媽更因為爸爸的離開，充滿傷心難過或憤怒生氣的情緒。或許怕自己無法妥善調適好心情，又擔心會把負面的情緒傳遞給孩子，所以只好選擇暫時不提這件事、不給孩子回應。

專家給鑰匙，開啟家庭正關係

孩子與父母（主要照顧者）分離時，多半會焦慮不安，這正是所謂的「分離焦慮」。孩子因著個人特質或氣質，以不同情緒或行為來呈現分離焦慮。例如，面對陌生的人事物，有些孩子會懷抱好奇心、願意接觸與嘗試，有些孩子則顯得較為退縮、害怕，這些較為退縮的孩子，對於分離焦慮的反應往往較其他孩子來的強烈。

如同案例中的爸爸，在孩子毫無預備的狀態下、突然離開家，這會讓孩子感到困惑、不安、傷心、內疚，這些複雜的情緒反應，就是孩子在面對分離焦慮的表現。要是大人沒能及時察覺，或是即使察覺卻沒有好好地向孩子解釋原因、給予安慰，恐怕會破壞他先前建構起來的信任關係，導致未來難以與人建立信任、人際關係受阻等。

針對類似的狀況，專家建議主要照顧者之一方在不得不離家前，務必要先深情地擁抱孩子，並慎重地告訴孩子，不論結果如何（即父母關係已經改變）都不是他做錯了什麼事或不乖不聽話，以降低孩子的愧疚感。清楚地讓孩子知道，之後要是想念離去的一方，可以利用什麼方式來聯絡或紓解，如打電話聯絡、看看照片等。

面對另一半的離去，或是不告而別，留下的一方感到生氣、不知所措、無助、難過是理所當然的。即使是大人，也需要一段時間來撫平如此混雜的情緒，但這不代表就能對孩子不聞不問。

當孩子針對爸媽分離而產生疑問，卻無法及時得到適當的回應與解答，內心會顯得更加徬徨、失落，他甚至會開始去臆測事件的發展與嚴重性。爸媽最好適時地給予孩子協助與釐清，避免造成未來孩子的性格退縮，或習慣性將錯歸咎在自己身上。

遇到另一半離去的情形，除了要適度整理心情，還可以向自己所信任的親友傾訴，倘若身邊沒有親友支持的資源，則可求助專家（諮商師、社工師）或相關機構。讓自己的心情穩定、緩和，才能帶著關愛向孩子說明家裡的變動（切記不要使用帶有負面情緒的字眼），向孩子保證對他的愛是穩固的，並適時鼓勵他說出害怕與擔心，傾聽孩子內在的聲音。

設身想一想

☺身為案例中的爸爸，離家前怎麼做，能讓孩子受到最小影響？

☺身為案例中的媽媽，面對另一半離去，該如何整理自己的心情？

☺站在孩子立場，若父母一方決定離開家，會希望大人如何說明？

避免要求孩子選邊站

自己好好想，你想要跟誰？

五歲的小沃是個聰明害羞的男孩，家裡就他一個孩子。小沃爸媽平常忙於工作，只有週末假日才能好好陪他。這天，家裡瀰漫著一股低氣壓，爸爸與媽媽沒有任何對話。大人顧著忙自己手邊的事，小沃一個人默默地坐在地板，堆著積木……。

時間往前回推。剛下班的媽媽照常拎著便當回家，一進門就對正在玩手機的爸爸說：「只顧打電動，都不會幫忙做點家事嗎？」

爸爸不耐地回應：「上班累死了，是不能玩手機休息一下嗎？有完沒完啊！就是讓你們母子過太好。你不知道我壓力多大嗎？」

媽媽也不是省油的燈，說：「我除了工作，還有一堆做不完的家事！哪裡過太好，你說！」

這不是第一次了。即使小沃怯怯地叫爸媽別吵了，他們依舊停不下來。這時，爸爸突然大吼，「不開心，就分開啊！小沃，你自己想，看你要跟誰」。這聲大吼後，家裡陷入一片沉靜。

隔天，媽媽帶小沃去幼兒園。媽媽離去時，小沃看著媽媽背影，偷偷在心裡問自己：「是不是我壞壞，所以爸媽吵架」「爸爸問我要跟誰？是不是他們不要我了」「我要乖，他們才不會再吵架」。

孩子的心聲

年幼的孩子會將父母爭吵的責任，歸咎到自己身上，覺得**「是不是因為我不乖，爸爸媽媽才會吵架」「我是一個沒人要的孩子」**。長期處於高衝突的家庭，孩子會感到焦慮緊張、惶恐不安，並承受無形的巨大壓力。**害怕父母分離的恐懼，也會形成孩子的心理負擔**。

此外，案例中孩子在家中的角色是模糊的。經常被父母忽視、存在感降低，會讓年幼的他們顯得孤獨落寞，個性也會變得內縮。

孩子一出生，就開始摸索周遭的生活環境，進而學習。主要照顧者在孩子的學習過程是一個很重要的因子，無論行為是好是壞，都可能成為孩子的模仿對象。當孩子還無法分辨行為的對錯或適當性時，他們很容易以為「吵架」是最好的解決問題方式。

大人的苦衷

在現今這個社會，不少大人白天為工作汲汲營營，下班返家自然希望可以全然地放鬆、休息。不過，在雙薪家庭裡，這個小小的心願卻難以實現。因為家裡還有一堆做不完的事務。

對爸爸而言，回家就是要「好好休息」的時候，可以決定什麼時候要做些什麼，最好不要有其他事（或人）的干擾。於是，爸爸帶著父權思維，認為自己已負起家中經濟，媽媽應該要處理所有的家事。然而，媽媽卻覺得自己對家中經濟並非零貢獻，結束工作回家，照顧家人與處理家務也算負擔，因此希望有人（爸爸）可以協助與分擔。

案例中，亦可看出職場高度壓力，缺乏良好的宣洩管道，導致大家容易將工作中情緒帶回家發洩，而最無辜的則是那無法發聲的孩子。

專家給鑰匙，開啟家庭正關係

夫妻要是習慣以爭吵來取代溝通，不只問題無法有效解決，還會破壞彼此間的關係。另外，**吵架之後，選擇以冷戰來延續憤怒、忽視孩子心理層面的需要，更將使孩子的恐懼感無限延伸**。若孩子在家中的角色長期被忽略，將會影響未來的人際互動。

建議父母除了要觀察孩子在家裡的表現，當他們開始與外界接觸，增加與其他人的相處機會時，更應該同步留意在這些場合（如幼兒園、小學、其他團體、公園玩伴等），孩子與他人的互動狀況。

一般來說，孩子的性格大致可區分為「外放型」或「內縮型」。偏外放型的孩子，在家裡或團體生活中，多半會主動表達自己，不會刻意壓抑心中的想法。在人際應對上，抱持較為正向的態度。這類的孩子雖然容易與人建立信任關係，卻也同時擁有危機意識與自我保護的能力，未來多半會成為一個開朗、自信的人。

偏內縮型的孩子，不只在家裡，環境轉換後仍會顯得壓抑、悶悶不樂。人際的應對上，多半抱持較負向的想法，因而顯現冷漠、寡言、沒有自信、不主動的表現，不易與人建立信任感。這類的孩子內心焦慮、壓抑自我，長時間下來，容易罹患心理疾病。

目睹父母爭執或分離時，孩子的內心是著急、混亂且痛苦的。**在面臨家庭轉變的關鍵時刻，要同理並傾聽孩子的感受，千萬不要忽略他們，或讓他們成為這個衝突下的間接受害者。**

尤其，**在紛爭過程或面對分離議題時，要避免將孩子拉入戰場或「要求孩子選邊站」**。像是結盟孩子共同對抗另一方，或問孩子「你想要跟誰，最好自己想清楚」，甚至說「如果你選擇要跟媽媽（或爸爸），那之後有什麼事情都不要來找我」之類的話。如同案例中的爸爸，直接就要孩子選邊站，將導致孩子面臨父母可能分離的焦慮感。

畢竟，夫妻若真要走上分離這條路，孩子勢必只能跟其中一方，這種語帶威脅的問法，會讓孩子有罪惡感。在孩子的心裡，不論是爸爸或媽媽，都是他最愛的人，也是生命中很重要的人。**一旦孩子陷入「該對誰忠誠」的兩難，他將會感到孤立無援。**

設身想一想

☺面對情緒已經失控的另一半，你會選擇用什麼方式來回應？

☺發現孩子因大人吵架而焦慮不安，你會說些什麼來安撫他？

☺若你是孩子，聽到爸媽說「自己想想要跟誰」時會有何感受？

期待一方探視卻遭拒

乖一點，媽媽會再來看我？

小潔生下曼曼後，選擇不回職場，至今也五年了。而小豪為了擔負家計，從事粗重的水泥工程，每月領到薪水，就全數交給小潔管理。

近來，小豪為了買工作器具，頻頻向小潔拿錢。然而，有時家庭開支入不敷出，小潔乾脆說「沒錢」。這讓小豪懷疑小潔「把錢拿回娘家」，加上小潔不習慣記帳、難以交代金錢使用狀況。小豪便不再把薪水交給小潔了。

小潔憤慨難耐，帶著曼曼回娘家住，並向法院提起離婚訴訟。雙方經由法院調解程序達成共識，曼曼由小豪監護，小潔則每個月的單週週末，可以到小豪家接曼曼回家過夜。

後來，小潔不再依當時調解條件探視會面。想見曼曼，就自顧自地跑到小豪家。小豪從未拒絕讓小潔探視。然而，經過幾次會面，曼曼居然像個小大人般、對小豪說「**爸爸你真是小氣鬼**」、「**為什麼你都不給媽媽錢啊**」等話。

小豪為此感到生氣，不滿小潔藉探視機會，破壞自己的形象。氣急敗壞的小豪，便以「**你的媽媽愛說謊**」、「**他都偷拿爸爸的錢**」等話反駁。

為了照顧曼曼搞得筋疲力盡的小豪，一氣之下，便不再讓小潔探視曼曼。許久等不到媽媽的曼曼，感到很疑惑：**乖一點，媽媽會再來看我嗎？**

孩子的心聲

發展心理學家皮亞傑（Jean Piaget）提出，3～6歲的孩子正處於認知發展階段的前運思期，會以自我為中心來思考，將周遭所有事物都與自己建立關聯性。所以他們會以為爸媽吵架，是自己造成的，覺得「只要自己乖一點，爸媽就不會吵架了」。

大人若無視孩子的心態，繼續在他的面前吵架，原本期待爸媽可以和好的小孩，會由於期待落空而感到自責（如覺得自己不夠乖）。**長期下來，可能導致孩子自我概念受損、否定自己，認為自己是壞小孩**。另外，亦容易因身心受影響，出現難以入睡或上課不專心的狀況。

案例中，**爸爸拒絕媽媽前往探視，小孩除了因此得不到媽媽的關照與愛，同時也會產生「自己被媽媽遺棄了」的想法**。

大人的苦衷

夫妻雙方在離婚之後，非同住的一方勢必會想要經常性地探視孩子、並與孩子保持原有的親密互動。這理應是每個為人父母的希望。

然而，若是沒有依照調解時說好的條件進行，反而會對孩子及擁有監護權（或同住）那一方的新生活造成不便與困擾。如案例中的爸爸甚至為此感到憤怒，因而再也不想讓前妻來探視前。

此外，媽媽利用探視機會，向孩子說爸爸的壞話，而爸爸也仿效媽媽的模式，對孩子說媽媽的壞話。雙方為了拉攏孩子，互相對孩子說對方的不是（離間），不但損壞彼此間的關係，也是在傷害孩子，讓他陷入痛苦。

更糟糕的是，未來當孩子情緒感到難受或不悅時，也可能仿效這種做法，來處理自己的情緒。

專家給鑰匙，開啟家庭正關係

國外有個議論許久的監護權觀點——「離間」，即父或母一方刻意在孩子面前訴說對方不是，使孩子敵視且疏離對方。

根據研究，「離間」可能造成孩子嚴重心理問題，包含缺乏安全感、恐懼、混淆、悲傷或絕望等反應。實務經驗上，我們確實看到有些孩子因離間行為，與另一方父母失去連結。這表示，孩子頓時減少了一份關愛。

因此，專家建議在與另一半吵架時，或發覺家中衝突一觸即發之際，可以嘗試做別的事情來轉換心情，等彼此情緒平復後，再針對問題，理性溝通。

離婚之後，未與孩子同住的一方，想見孩子是理所當然的事情，但應以不影響同住方及孩子的新生活為佳，依據約定時間，規律地探視小孩。若在非約定時間想見孩子，應事先知會並獲得對方同意，不應該自顧自地前往。

即使結束婚姻關係，彼此仍是孩子的爸媽，應以孩子最佳利益為優先。**嘗試將對方當成自己生意上的夥伴，清楚、理性地向對方表達想法、尊重對方的立場，做有效的協調與對話。**讓孩子在父母分離後，仍同時享有爸爸與媽媽的愛。讓孩子知道父母會一直照顧他、陪伴他，好讓他感到安心。

設身想一想

☺ 當探視方想在非約定時間探視孩子，該如何處理或溝通？

☺ 發現前夫（或前妻）刻意向孩子講述你的壞話時，你應該要怎麼做（對前夫或前妻、對孩子）？

☺ 回想你的童年時期，面對爸媽的爭吵，你有什麼感受？

討好一方是保護自己

看大人的臉色來表達想法

琳琳是個文靜有禮的五歲女孩，這天媽媽帶著她前來諮詢離婚事宜。過程中，琳琳坐在一旁玩iPad，不吵不鬧。直到媽媽突然問她：「琳琳，妳告訴社工阿姨，想跟媽媽住？還是跟爸爸？」

琳琳抬頭看著媽媽，漠然地說：「我要跟媽媽住啊！爸爸對媽媽很壞，每次回家都會大聲罵媽媽，還會摔家裡的東西。我不要跟爸爸一起住！」

說完，琳琳再度將視線轉回iPad。

媽媽急切地接著說：「看吧，連小孩都知道她爸很爛，根本不用我多說，每天就忙著跟外面的女人亂來，一回家就找我麻煩、吵著要離婚！」

就這樣，媽媽毫不避諱地在女兒面前批判爸爸有外遇、不負責任……。一邊聽著媽媽訴說，我也不時關注著琳琳，她眼神專注地盯著iPad，沉浸在自己的小天地裡，彷彿與世界隔絕了。

媽媽總算發洩完了，我試著焦點拉到琳琳身上。很快地，我發現琳琳回答問題前，都會先看看媽媽的表情，再小心翼翼地說出每一個字。琳琳的這種習慣與反應，顯示她心中的緊張與不安，害怕自己要是回答得不好，或說的不是媽媽想要的答案時，會讓媽媽傷心。同時，大概也擔心媽媽萬一跟爸爸一樣不回家，她就沒有人要了。

在父母的衝突中，琳琳成了媽媽的情緒出口。唯一能夠轉移她的焦慮，讓她放心的，就只剩下iPad裡的卡通影片。

孩子的心聲

學齡期前孩子的世界其實很單純，他們以家庭為主，多數時間是主要照顧者陪伴他們。即使孩子已經就讀幼兒園，生活也是圍繞著家庭與學校。

然而，爸爸經常不在家，媽媽自然成了孩子唯一可以依靠的對象。孩子與媽媽的關係更加密不可分，長時間的相處，孩子能敏銳地察覺媽媽的情緒與反應。為了讓媽媽開心，孩子漸漸地學會「如何討好媽媽」，像是說媽媽想聽的話、做媽媽期待的事情，讓自己像是與媽媽站在同一陣線。但這樣的行為，並不代表孩子真的討厭爸爸。

另外，**孩子為了避免自己陷入兩難抉擇，通常都會啟動防衛機制，用「隔離」來保護自己**。如同案例中的孩子，將自己的注意力投入在iPad的影片中，不參與大人討論，如此一來，她就不需要顧慮媽媽的情緒。

大人的苦衷

原本理想的家庭樣貌，因為爸爸有了外遇、選擇離開家庭，而讓媽媽一時半刻無法接受，整個家的生活也跟著陷入慌亂。根據相關統計數據，女性在面對另一半的外遇議題時，會逐漸對自我失去認同，導致自我價值低落，或產生強烈的孤獨感等。

當出現問題的夫妻關係，沒有進行妥善地處理，受影響的一方，便會有負向的行為與情緒。好比案例中的媽媽，不論對內對外都公開指控老公的不是，並有意無意要孩子選邊站等，應該是媽媽想要滿足內在孤獨，強化自己的存在價值，好讓自己得到支持（或同情）。

然而，大人用這種方式，不只會讓孩子感受壓力，還會讓夫妻關係更為惡劣。一旦有見面機會，雙方累積的不滿將一觸即發。

專家給鑰匙，開啟家庭正關係

媽媽是孩子的主要照顧者，過得不好的話，孩子怎麼可能過得好。於是，孩子自然成了婚姻破裂的間接受害者。穩定的情緒才能讓孩子過穩定的生活。遇到婚姻困境時，大人得控管好情緒，要是始終無法自我調適，最好尋求專業人士（心理師、社工師等）協助。

父母的「不告而別」會讓孩子突然失去生活中的依附對象，因而使安全感低落、疑懼不安。建議離開的一方，離去前得向孩子說明原因。說明之前，大人要先整理情緒、想好如何傳達，並承諾永遠愛著孩子，一定會與他保持聯繫（不會讓孩子找不到人）。父母是孩子獲取安全感的對象。孩子對爸媽的愛是平等的，他不希望他愛的人、愛他的人對立。在孩子面前批評、指責另一半，只會讓孩子感到不知所措。

大人若無法心平氣和地面對事情、討論問題，孩子就容易隨著大人情緒起伏而波動。爸媽爭執或衝突後，應適時地向孩子說明爭執原因與做法。孩子長期處於紛爭中，不只對身心發展造成不良影響，耳濡目染之下，在未來遇到類似狀況，如與同儕或玩伴間出現紛爭，搞不好就會用相同的模式來解決事情，因而使人際關係出現問題。

設身想一想

☺ 當婚姻遇到困境，你會用什麼方式來調適自我情緒？

☺ 若你是離去方，如何向孩子解釋、並維持良好互動？

☺ 婚姻出現問題時，你會選擇告訴孩子嗎？為什麼？

退化行為是一種警訊

爸爸，媽媽到哪裡去了啊？

尚文曾是個外向、開朗的三歲男孩。每次去公園，尚文都會主動邀約小朋友一起玩，常玩得不亦樂乎。有時，玩得太起勁，還會哭著拒絕回家呢！

最近，爸爸發現媽媽有點奇怪。不只頻繁加班、聚會增加，每次出門都精心打扮，大半夜還刻意走到陽臺講電話，一講就是三、四十分鐘。有說有笑的樣子，讓爸爸不禁浮現「媽媽外遇」的可能。

幾經詢問，媽媽始終否認，有時惱羞成怒，還反過來指控爸爸胡思亂想。爭吵愈來愈頻繁，夫妻關係降到冰點，媽媽一聲不響自行返回娘家。因為無人協助照顧尚文，爸爸便帶著尚文暫時回爺爺奶奶家住。

爸媽分居後，尚文幾次哭著找媽媽，問「媽媽到哪裡去了啊」。爸爸聽到尚文這樣問，感到憤怒與不耐煩，把被另一半背叛的複雜情緒，轉移到尚文身上，頻頻告訴尚文：「別問了，你媽不要我們了！」

搬回爺爺奶奶家不久，尚文變得更貼心乖巧。不過，尿床頻率增加，還變得不愛說話、食欲差。當爸爸提議去公園玩時，尚文也顯得興致缺缺。勉強到了公園，他卻時不時黏在爸爸身邊，好不容易加入其他小朋友一起玩，往往沒多久就吵架收場。

對於這些狀況，爸爸即使擔心，也沒做任何處理。只是安慰自己：應該是換了居住環境，尚文還在適應，才會有這些有別以往的轉變。過一段時間，對新的人事物熟悉了，他就會恢復正常了……。

孩子的心聲

大部分的孩子來到這個世上，就一直與爸爸、媽媽同住，他們也許很難想像「某天會面臨與爸爸或媽媽其中一方分開住」的情形。案例中的孩子，在毫無預警下，媽媽離開家、自己被爸爸帶回爺爺奶奶家住。好奇問起媽媽的去向時，得到的卻是「你媽不要我們了」的訊息。

一方面孩子會以為自己「被媽媽拋棄」，一方面也感受爸爸不佳的心情，進而認知到「自己與爸爸已經不被媽媽喜歡」。**為了不要再被爸爸不喜歡，孩子自然而然會變得早熟。**

不過，當幼小心靈難以承受壓力，就會出現異於往常的反應。除了對**原本喜歡的事物興致缺缺、情緒不穩、食欲不佳，還會出現退化行為**，如尿床頻率較過往高、時刻都想依賴大人等。

大人的苦衷

夫妻之間的相處，難免會遇到被另一半誤會的狀況，誤會的產生多半來自於雙方無法坦然、友善地溝通。尤其，在嘗試向對方澄清、解釋，對方卻不願接受時，往往導致爭執不休，甚至愈描愈黑、產生更大更嚴重的誤會。案例中的媽媽，或許就是不想再與爸爸爭吵，而選擇離家。

爸爸則認為自己遭到媽媽的背叛，在企圖釐清事件原委時，不但沒有得到滿意的解釋，另一半還因此離家，導致爸爸有傷心、難過、失落、無助、憤怒的情緒。複雜的心情恐怕使爸爸失去信心，於是試圖拉攏孩子、要孩子與他站同一邊，並藉機挑撥孩子與媽媽的情感，不斷地告訴孩子「你媽不要我們了」。只不過沉浸在如此情境、難以平復，不僅無法照顧好自己，更會忽略了孩子的依附需求。

專家給鑰匙，開啟家庭正關係

爸媽突然分居或變換居住環境，孩子會因安全感不被滿足，出現情緒不穩或退化行為。試著告訴孩子「大人的苦衷」，及保證「即使分開住，仍會跟以前一樣愛他」。**若沒把握好好解釋，可請求心理師、社工師協助，讓孩子對「爸媽分居」有基礎認知，以免孩子透過眼前所見的現實，胡亂拼湊。**

如同案例中的爸爸，身為與孩子同住的一方，得更加費心，付出更多的耐心、關懷來陪伴孩子。此外，**分居階段「如何讓孩子擁有媽媽與爸爸雙重的愛」，是需要大人坐下來好好溝通的要緊事。**彼此決定好未來的探視時間及方式，並且要依討論的結果進行。

發現配偶外遇，相信任何人都無法接受，更何況是原本幸福和樂的家庭，衝擊之大可想而知。面對這種情形，不免會懷疑自己「是否不夠好，才會讓另一半向外尋找更好的人」。此外，隨之出現的是無限的悲傷與憎恨，與想要報復的心態，如案例中的爸爸，就企圖製造「媽媽不要我們」的訊息給孩子。

縱使是學齡前的孩子，依然能夠明顯感受大人的情緒。為了不被拋棄，孩子會讓自己變得更貼心更懂事。然而，過度早熟是對孩子權利的剝奪。因此，大人要找個可信任的人吐露心聲，並放下被背叛的憤怒，思考自己與孩子的未來，才是眼前最要緊的事。

設身想一想

- ☺被另一半誤會時，要如何與對方溝通，防止發生更大的爭執？
- ☺面對配偶外遇，要如何撫平心情，才不致影響子女身心發展？
- ☺與另一半分居後，你會怎麼向孩子說明，並給予有效安撫？

6～12歲

重視「同儕關係」，向外尋求認同與關愛

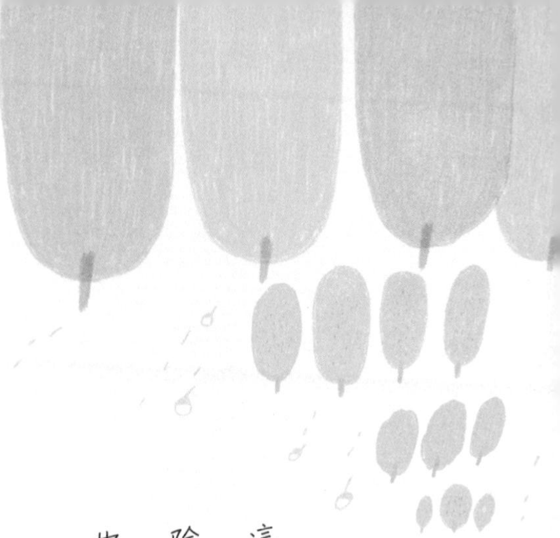

這個階段的孩子，因為進入了校園生活，
除了會擁有家庭以外的新環境與新朋友，
也正學習新的人際互動、重視同儕團體。

這不代表「家庭」在孩子心中變得次要，
家庭是影響孩子面對社會的態度的關鍵。
若父母總是爭執、忽略孩子釋放的需求，
他恐怕會因得不到關注，向外尋找認同。

成長需要陪伴與傾聽

什麼時候可以全家去旅行？

我的爸爸是科技公司中階主管，我的媽媽是小學老師。爸爸工作經常加班到很晚，而且不定期要出差，一去就是好幾個禮拜。所以，平常家裡就我跟媽媽兩個人，我們倆感情好又親近。說真的，我很喜歡只有我跟媽媽在家，我有點害怕與爸爸相處，他總是很凶又很嚴厲。

自從我上幼稚園後，每年的寒暑假媽媽都會安排一家三口出國旅行。媽媽說，這樣我們全家才能在一起，也能讓我認識其他國家的文化。

今年暑假過完，我就要升六年級了，媽媽照慣例排定了全家出國的行程。不過，因為爸爸忙於工作、時間上無法配合，最後旅遊被迫取消。

事後，媽媽跟爸爸為了這件事情一直吵。媽媽會罵爸爸：「你就是不重視家庭，婚也結了，孩子也生了，卻只想著如何升上經理，又是加班，又是出差的！」

爸爸當然很不高興，指著媽媽回應：「你真的想太多，我還不是為了讓你們過得好，才會常常加班。」

吵到後來，他們就開始冷戰、不說話。

我好擔心。是不是我一到寒暑假，就頻頻詢問「什麼時候要出國玩」，才會害爸爸媽媽吵架、冷戰、不說話呢？

孩子的心聲

這個階段的孩子，已經會依循過往的經驗自我歸因。

一旦孩子發現自己無法有效地阻止父母之間的爭執，加上從父母的對話聽起來，他們都是很辛苦、對家庭有付出、為家庭著想的時候，**孩子不免會覺得「爸爸跟媽媽都沒有做錯」，進而將衝突的原因歸咎在自己的身上，覺得只要自己噤聲，爸媽就不會再吵架了。**

長期處於衝突之中的孩子，會出現「自己不受人歡迎」的想法，亦無法透過家庭關係獲得自我認同。如此一來，孩子可能會積極向外尋求他人（如同儕、朋友）的關懷，好藉此獲得自信。

父母要協助孩子建立自我認同，與解除對父母衝突的困惑，才能讓孩子走在好的人格發展途徑，對孩子的人際關係發展也有正向關聯。

大人的苦衷

身為一家之主的爸爸，常常會誤會「顧家」的定義，因而認為「讓家人維持良好（最好）的生活水準」就是把家照顧好，即使為此犧牲掉與家人相處、交流、聯絡情感的時間，也無所謂。偏偏另一半就是不懂他的用心良苦，還常常拿這種事大做文章，每每想溝通，卻落得大吵一架的下場。唉，到底是為誰辛苦為誰忙啊！

媽媽的想法可就不一樣了。不但不能理解爸爸的拚命是為了這個家，還以為他根本是為了自身升遷利益，而放棄了培養親情的機會。媽媽覺得，物質不是家庭的首要，何況雙薪收入已經足以維持家中的開支所需，何苦還要拚成這個樣子。目前自己最需要的，是另一半能同心照顧、養育孩子，好讓他拉拔孩子的路途中不感孤單。

專家給鑰匙，開啟家庭正關係

夫妻既然共同組織家庭，務必挪出時間，邀請另一半，彼此聊聊經營家庭的想法。雙方對話時，不要出現攻擊性的言詞或評價，而是要傾聽對方的看法與意見。好的共親職（co-parenting）理念，應該是共同分擔照顧責任，彼此尊重不同的教導方式，以期給孩子最佳的影響。

夫妻雙方得凝聚經營家庭的共識。例如，媽媽認為夫妻共同執行教養，是維持家庭的主要方式，爸爸卻覺得讓家人經濟無虞，才是首要目標。夫妻雙方有「維持家庭」的共識，即使方法不見得相同，也要給予尊重。又例如，媽媽希望透過全家出國旅遊，讓孩子增廣見聞、增加親子時間，而爸爸想的是，努力上班，讓孩子無後顧之憂、快樂成長。其實，夫妻兩人的目標很明確，都是為孩子好、為孩子設想，因此，不妨謹記目標，朝著相同方向前進。

夫妻相處，吵架難免。**一起向孩子解釋大人發生衝突的原因，讓孩子清楚明白「錯不在他」**。在例行的目標與方式因故不可行時，大人要靜下心來討論其他可以取代的方式。如從動輒一週的出國旅遊，拆成幾個單日的國內行程，像是去樂園玩、去看電影、一起吃飯等。重點不在於做了什麼，而是全家共度的時光，**即使工作再忙，也要抽出時間陪伴孩子、參與孩子的活動、傾聽孩子的聲音，培養優質的親子關係。**

設身想一想

☺ 若你的情況與爸爸相同，會如何表達無法一起旅遊的苦衷？

☺ 若你的情況與媽媽相同，會如何表達希望有人分擔家務的期待？

☺ 若你是故事裡的主角（孩子），最希望爸爸媽媽跟你說些什麼？

雙薪家庭的托育為難

我可以帶弟弟上下課的話……

我的爸爸是職業軍人，媽媽是機場的地勤人員。家裡除了爸爸、媽媽、我和弟弟以外，還有阿公和阿嬤。以前，多是媽媽送我和弟弟去學校，放學時，阿公或阿嬤再來接我們。最近好奇怪，連放學都變成媽媽來接。

有天晚上，我聽見爸爸跟媽媽在吵架。原來，爸爸希望媽媽把工作辭掉，專心在家照顧我、弟弟和阿公阿嬤。爸爸說，阿公阿嬤老了，不應該為了接送我和弟弟，天天跑來跑去，而且還要為大家張羅三餐。

可是，媽媽的態度也很堅持，要她再次妥協，門兒都沒有。她跟爸爸說：「為了孩子、為了這個家，我已經犧牲很多了」。

結婚之後，媽媽從本來上班時間不固定的空服員，請調為機場的地勤人員，好盡可能照料家裡。媽媽想繼續工作的理由很簡單，就是希望可以做自己喜歡的事、保有自己的空間和時間。

後來的幾天，又變成阿公阿嬤來接我和弟弟。某天，放學回到家，阿嬤突然跟我說：「你的媽媽真的很不會想，家裡又不缺錢，為什麼她一定要去上班呢？應該要把重心放在你們身上、好好照顧才對啊！如果沒有我跟阿公，我看你跟弟弟會很可憐喔……。」

唉，如果我這個姐姐能夠趕快長大，帶弟弟上下課的話，爸爸應該就不會阻止媽媽去上班了。當然，就不會再為這件事而吵架，阿嬤也不會跟我說媽媽的壞話了吧！

孩子的心聲

面對大人的吵架問題，孩子很容易認定是自己造成的，尤其是爭吵內容又與他們脫不了關係時。好比案例中的姐姐，聽到大人的對話，而覺得「自己與弟弟上下學的接送，已經造成大人困擾」，加上這件事還讓整個家籠罩在不愉快與爭執中。這也難怪她希望自己能一夜長大、趕快獨立，才能分擔大人的責任，讓家庭氣氛恢復和諧。

至於，阿嬤與媽媽間的婆媳問題，也困惑著姐姐。阿嬤不避諱地直接在孫子面前抱怨媳婦（孩子的媽），把孩子拉進戰場。面對這樣的狀況，孩子會感到左右為難，同時挑起「忠誠度」的問題——自己是該支持媽媽、替媽媽說句好話，還是該附和阿嬤的說法呢？

大人的苦衷

長輩因為生長環境的關係，傳統觀念根深柢固，很難在短時間內修改。像案例中的阿嬤，就認為「男主外、女主內」，女性結婚之後，理應操持家務、照顧子女，凡事要以家庭為優先。不過，這種想法在以雙薪家庭結構為主的現今社會，很容易就產生歧見。

爸爸則覺得父母（阿公、阿嬤）已經年邁，應該是在家含飴弄孫、享清福的年紀。然而，卻為了老婆要工作，阿公、阿嬤得擔起照顧、接送孫子孫女的責任。孝順的框架讓爸爸感受壓力，他期許另一半可以幫忙分擔。

堅持繼續工作的媽媽，肯定認為自己為了家庭請調地勤人員，已經是極大的妥協與犧牲了。若為了分攤另一半的「孝順」包袱，而被迫放棄工作，只會讓她有不被尊重、被剝奪權力與自由的感覺。

專家給鑰匙，開啟家庭正關係

「女人何苦為難女人。」自古以來，婆媳之間總有許多難言難解的習題，有的媳婦難以適應婆婆的家務要求、有的婆婆看不慣媳婦的生活習慣。但仔細想想，夫妻本就來自不同的成長環境，即使相處十多年，仍會保有來自原生家庭的小習慣，如吃飯不喝湯，反而配飲料等。

不過，**既然進到對方家裡，即使再不習慣，也得盡量「入境隨俗」**。回憶一下，一開始稱呼對方父母為「爸爸」「媽媽」那種陌生的感覺，同理另一半與自己父母的相處，可能永遠都不可能比自己自在。**必要時，搭起另一半與自己父母的溝通橋梁吧！**

常聽人說「哪對夫妻不吵架」，確實，夫妻之間可以吵的事情很多，舉凡晚餐要吃什麼、逢年過節紅包怎麼包等小事也會引起紛爭。吵架的當下，雙方都在發洩自己的情緒，無論如何，**吵出一個雙方能夠接受的模式或目標，這場架才吵得有意義**。淪於脣槍舌戰，只會傷害彼此的關係。

夫妻的共同目標是「讓家人過得好」，為了順利達到此目標，雙方得好好討論可行的方式。**在討論的過程中，要盡量以「我能做……」，來取代指使的語句，如「你需要……」「你應該要……」**。對方沒有被命令、被使喚的感受，會更願意付諸實行。

設身想一想

☺ 處於雙薪才能維持生活的狀況，先生該如何協調婆媳間的異見？

☺ 當你與另一半的想法出現分歧時，如何才能進行有效的溝通？

☺ 身為孩子的雙親，要如何向孩子說明家中發生的衝突或紛爭？

大人忙賺錢，小孩沒人陪

偷錢買東西的眞正目的

陶陶的爸媽都是設計師，平時工作繁忙，根本沒有多餘時間陪伴陶陶。他們通常會買玩具來討好陶陶、彌補對他的虧欠。只有玩具陪伴的陶陶，常常覺得自己很孤單，無時無刻都希望爸媽能陪她玩、聊天或看書。

讀小學一年級的陶陶，雖然羨慕同學們在下課時間玩在一起，但從小就一個人玩習慣的她，根本不知道怎麼開口，才能加入同學。

某天，坐在隔壁的琄琄，因為忘了帶鉛筆而向陶陶求救，陶陶大方地把一支鉛筆送給她後，琄琄開始會在下課時間，主動邀陶陶一起玩。陶陶開心極了，她終於可以加入同學們了。

為了讓同學都願意跟她玩，陶陶把零用錢全拿去合作社買文具、餅乾、糖果，分送給班上的同學。陶陶發現，當她把東西送給大家的同時，全班同學似乎都變成她的朋友。

不過，零用錢有限，為了買更多禮物，陶陶幾次趁爸媽不注意，偷拿抽屜的零錢。有次，媽媽發現後，不明究裡給了她兩巴掌，並嚴厲警告「不准再犯」。

陶陶沒有因為那兩巴掌而改過。不被了解的她，持續偷錢買東西送同學，而且愈來愈頻繁。針對陶陶的行為，爸媽總是互相怪罪。某次，爸爸氣急敗壞用皮帶抽打陶陶，還把她鎖在門外。陶陶邊哭邊拍打大門邊請求爸媽原諒。鄰居逼不得已，只好報警處理。

孩子的心聲

根據艾瑞克森（Erikson）的心理社會發展理論，此階段的孩子正在發展自己的同儕關係。案例中的孩子極度渴望與班上同學一起玩，卻由於**從小就習慣一人獨處，缺乏與人交際的能力，難以打入同儕團體**。藉由某次經驗，讓孩子以為「買東西送給同學，大家就會願意和他一起玩」。所以，即使知道再次偷錢會被爸媽修理，仍然願意冒險行事。

忙於工作的爸媽，在發現小孩的偷竊行為之後，沒有關心此行為背後的原因，只顧著互相指責、推卸教養責任，還採取過當的管教方式。如此一來，不只孩子的偏差不會改善，還會對爸媽感到失望，親子關係自然愈加疏離。**這種心境如果沒有及時被察覺，等到孩子進入青春期階段，便容易因嚮往同儕認同而誤入歧途。**

大人的苦衷

在現代社會裡，愈來愈多爸媽為了提供孩子更好的物質生活，日以繼夜地在事業上打拚，希望賺取一份豐厚的收入，讓家人擁有安全感。大人的立意雖好，卻往往剝奪掉很多與小孩共處、培養親子關係的時間與機會，因而忽略孩子真正的需求。如案例中的孩子有偷竊行為時，大人不先了解孩子的動機（想討好同學、想獲得爸媽關注），只是顧著吵架、互相指責，還以為使用嚴厲的責罰，孩子就能有所警惕。

忙碌穿梭於事業中的爸媽，有時會疏於陪伴，而慣於以物質彌補子女。一旦孩子出現偏差，這類爸媽常會在第一時間祭出嚴刑峻罰，以遏止孩子再犯。不過，**若孩子反覆出現相同的偏差行為，最重要的是嘗試去了解「孩子為什麼這樣做」，及時導正觀念、滿足需求，才能防止未來走偏。**

專家給鑰匙，開啟家庭正關係

「親子關係」並非一時半刻就可以成功拉近或大幅改善，這必須花時間花心思去修復去經營。若身為爸媽，卻長久忽略與孩子的相處、互動，當孩子逐漸長大，與爸媽的關係自然愈來愈疏離。

在眾多個案中，**缺乏親情、親子關係疏離的孩子，特別容易透過「偷竊行為」來填補內心的創傷與脆弱。**發現孩子有偷竊的舉動，要曉得「施予嚴厲的懲罰」絕非首要，更不會是唯一的解決辦法。大人不妨嘗試以下幾種，較為有效的處理方式：

多多陪伴孩子。增加與孩子互動的時間與機會，並傾聽孩子的聲音，深刻去了解孩子的問題與需求。

給孩子適量、可自由支配的零用錢，教導存錢用錢的方法與態度。

以恰當方式，糾正孩子的偏差行為。例如，以做家事的方式（如洗碗、收衣服等）處罰孩子，並給予他改過自新的機會。

把錢收好，最好能放在孩子不易拿到的地方。不要為了測試孩子「是否悔改」，故意把錢放在容易看到拿到找到的位置。這只會讓孩子為了通過測試而假裝改過，他可能會改以其他手段偷錢。

設身想一想

☺ 身為父母，是否曾專注或忙於某事，而忽略孩子的感受及需求？

☺ 孩子出現偏差行為時，你有沒有嘗試著去了解問題背後的原因？

☺ 你曾懲罰（體罰）孩子嗎？你是否思考過「懲罰對孩子的意義」？

繼親家庭的矛盾關係

有了弟弟，叔叔就不愛我了？

放學後，媽媽遲遲等不到小喜回家。撥了電話給老師，還親自跑學校一趟。最後，在大象溜滑梯旁找到小喜。小喜一看見媽媽，眼淚止不住，頻頻說著「叔叔不愛我了」。媽媽聯想起前幾週發生的事……

週末的小喜與弟弟一如往常早起。不用上學，讓小喜特別開心，不過，雀躍心情隨即陷入愁苦。叔叔起床後，先問弟弟「早餐想吃什麼」，再計畫著待會兒的活動。小喜像個隱形人般被忽略。十分鐘後，叔叔只帶著弟弟出門。

過了半小時，小喜肚子餓得咕嚕咕嚕叫，躡手躡腳走到媽媽房間，小聲地說「媽媽，我的肚子好餓喔」。媽媽躺在床上，跟小喜說：「你先拿餐桌上的麵包吃，冰箱裡有牛奶可以配喔！」

小喜開心地嗑起麵包。正要開冰箱、拿牛奶時，叔叔跟弟弟回家了。叔叔見狀，對他大吼「誰叫你開冰箱的」。小喜被突如其來的指責嚇到了，退回餐桌旁，膽戰心驚地吃著手上的麵包。

其實，七歲的小喜四年前隨媽媽再婚時，也曾經擁有媽媽與叔叔（繼父）的百般疼愛。隔年，媽媽生下弟弟，小喜的世界就變了。所有人歡天喜地，迎接小生命的到來，唯有小喜開心不起來，因為媽媽和叔叔的心力，全轉移到弟弟的身上。日復一日，小喜感覺自己不再被愛，生活充滿不安。

很快地，媽媽帶著小喜從學校回到家。當天晚上，媽媽嘗試把小喜的狀況告知先生，想進行溝通，無奈兩人卻因此起了爭執。

孩子的心聲

孩子在發覺「新爸爸」對自己的態度丕變，由原本的呵護備至，明顯轉為冷漠、忽略、嚴格時，他不只會產生失落、難過的心情，甚至會認為自己「沒有被愛」。如此一來，便導致孩子只要與「新爸爸」同處一個空間，就會戰戰兢兢、小心翼翼，擔心自己稍微不注意就會被罵，或某件事情沒做好而讓新爸爸更不喜歡他、討厭他。

另一方面，**當孩子發現「新成員」似乎擁有比自己多出更多的關愛時，會從一開始的羨慕，變質成敵意與妒忌，認定都是這個新成員惹的禍**。好比案例中的情節，後續最壞的發展，可能是孩子趁大人不在家、不注意時，偷偷地攻擊這個剝奪新爸爸的愛的新成員（弟弟），或刻意將心智年齡退化到與弟弟相同的階段，以引起大人的注意及關心。

大人的苦衷

也許繼親關係很難與親生子女相提並論。畢竟，人都是偏心的，對於有血緣關係的子女，不免偏頗，想把愛全部給親生子女，讓親生子女過著最好的生活，這些應該都是人之常情。

若家庭的環境較差、經濟不夠寬裕，大人更容易把繼親子女視為剝奪親生子女資源的拖油瓶。不過，既然已經決定重組家庭，不論哪一方都必須努力扮演「愛屋及烏」的角色才對。

案例中的爸爸，在有了親生骨肉後，不只把父愛全都灌輸給親生兒子，還開始忽略太太前一段婚姻生下的孩子，態度變得很不友善。成長中的孩子對於這些改變是非常敏感的，他們往往會放大自己的不安，因而產生自己是「被遺棄」「沒人愛」的想法。

專家給鑰匙，開啟家庭正關係

重組（繼親）家庭的首要目標，是盡可能給予孩子平等的愛。尤其當這個家同時存在繼親子女與親生子女時。

孩子感受到爸爸或媽媽特別偏愛某個孩子，會產生心理上的不平衡，與自卑、忌妒、被遺棄等想法。缺乏安全感的孩子，得花很多力氣注意周遭的人事物，這對成長會有負面影響，也會連帶造成學習力、記憶力低落。如果這樣的孩子，持續沒有被關照，可能會衍伸出問題行為。

案例中，沒能如願獲得叔叔（繼父）關愛的孩子，他的忌妒心恐怕會愈來愈強烈，一方面可能變得不懂手足之愛，另一方面也會吝於分享。更令人擔心的是，此時大人仍然不懂得適當處理或面對，孩子會更自私、冷漠，並習慣以自我為中心，難以去關愛周遭的人事物。

的確，「愛」無法假裝，勉強繼親用對待親生子女的態度，去愛一個非親生的孩子，不僅大人顯得不自在，孩子也感受得到差異。不過，維繫家庭的好關係應該是夫妻間的共識，試著站在孩子立場思考，好的手足關係，想必是父母所樂見，沒有父母想看到忌妒而造成手足決裂、引發家庭紛爭。

設身想一想

- ☺重組家庭中的新爸爸或新媽媽，可用什麼方式來提升親子關係？
- ☺繼父或繼母要如何做到「不論是否親生都盡力呵護、灌溉愛的養分」？
- ☺如何同理重組家庭裡的孩子的擔憂與失落，進而關心孩子的需要？

大人分居、手足分離

哪時能搬回去跟弟弟一起睡？

姿婷與力豪是大學時代的班對。大學畢業前，姿婷意外懷孕，兩人倉促結婚。婚後，姿婷與力豪沒有經濟基礎，加上力豪即將入伍，姿婷便同意力豪建議，暫時搬到男方家與公婆同住。姿婷以為等力豪退伍、找到工作，就可以搬離公婆家，建立屬於兩人的小家庭了。

只是，事情出乎姿婷意料。當女兒與兒子陸續出生，教養與經濟的壓力接踵而來，原本甜蜜的新婚生活、對於小家庭的憧憬，都被現實消磨殆盡。兩人開始為了生活瑣事發生衝突，小至天冷時孩子該穿什麼，大至幼兒園該念公立或私立，大事小事爭執不完。無奈公婆強勢介入，使夫妻關係雪上加霜。

大女兒就讀小學一年級時，姿婷與力豪協議分居。大女兒由姿婷帶回娘家照顧，小兒子則由力豪與公婆照顧。大女兒因生活環境轉變，顯現不安。每天都黏著姿婷，不肯和外公外婆獨處，常問姿婷「我什麼時候可以『回家』跟弟弟一起睡」「明天我可以『回家』找阿公阿嬤嗎」。

面對女兒這些問題，姿婷不知道如何解釋，要不裝作沒聽見，要不佯裝生氣、要女兒別再問。一個月過去，大女兒也許覺察，無法跟以前一樣「全家住一起」，突然就不再詢問姿婷了。

正當姿婷覺得鬆一口氣，才發現大女兒躲在棉被裡，偷偷哭泣……。

孩子的心聲

對孩子而言，家庭是一個安心的場域，父母則是依附的首要對象。依附行為從嬰兒時期便開始，若能適切地滿足孩子的依附需求，便能讓孩子發展健全的自我概念，並建立安全感。

相反的，當生活周遭的「重要他人」突然消失，或在未經告知的狀況下環境轉變等，都會使孩子本有的安全感受到打擊。要是孩子因此提出疑問，卻遲遲不被回應，更會加深他們的不確定感與恐懼感。

孩子之所以提問，除了為了確保「自己很安全」，同時也在向大人釋放訊息，這是不可忽略的「求助」訊號。要是大人習慣性忽略、不給予正面答覆、對孩子的疑問表示憤怒，久了之後，孩子的無助感會愈來愈強，進而影響爾後的求學與社交活動。

大人的苦衷

一個大學剛畢業、正值花樣年華的年輕女性，本來是可以讓自己過得充實而精彩的，如今卻為了愛情、為了孩子而進入婚姻。自由自在、無憂無慮的生活，突然變成以照顧孩子、照顧家庭為重心，還得去適應住在不同家庭（公婆家）的生活習慣，及忍受公婆過度熱心介入子女的教養。

進入家庭之後，身分、角色的轉變是必然的，多半會有所謂的過渡階段。或許因為女性總是「被迫成為『配合』的一方」，所以感覺自然比男性來的強烈。一旦這個婚姻又屬於「逼不得已」的狀況（如奉子成婚），對於因新身分新角色造成的不適應，都將成為更大的衝擊。

在這種心靈極度脆弱的情形下，若是無法獲得他人（特別是另一半）的支持與體諒，沮喪與失望就會洶湧而至，引燃爭執的導火線。

專家給鑰匙，開啟家庭正關係

這個階段的孩子，對於父母間的爭執、分居等，尚處於一知半解的狀態，但**千萬不要因為「覺得孩子還不懂」，就隨意呼嚨過去**。清楚地向孩子解釋與說明，是為了減少他們的壓力與自我究責，並讓他們可以了解「父母吵架」或「父母分開住」的責任，並不在他們的身上。

此外，孩子可能會在發現狀況不對勁時，希望促成父母復合而做出一些努力，如當彼此聯繫的橋梁（傳話）、主動幫忙說好話或討好雙方等。要是孩子費盡心思，大人卻不領情，父母關係也沒有改善的話，往往會讓孩子更挫折。為了不讓孩子的期待落空，大人要讓孩子知道「即使爸媽的感情狀態並未因此而改變，還是非常感謝他的用心。即便未來某一天，爸爸與媽媽不得不分開，對於他的愛依然不會改變」。

身為大人，要以成熟態度，妥善處理感情問題，不論要繼續或要結束，都要讓孩子保有安全感。夫妻爭執過後，其中一方帶著孩子離開衝突環境，到一個可以平復情緒、安全無虞的地方，是幫助自己與孩子回歸平靜的方法之一。但若其中一方獨自離家、未帶孩子同行，務必盡快讓孩子知道「媽媽（或爸爸）在哪裡」，並與他們保持聯繫，減少孩子被遺棄的想像。

設身想一想

☺若爭執過後老婆逕自帶孩子回娘家住，先生該如何回應與處理？

☺若因夫妻分居而迫使手足分開住，該如何向孩子說明目前狀況？

☺若身為案例中的人妻，你會如何思考整個家的未來方向（持續分居、復合、離婚或其他可行方式）？

單親家長有了第二春

我的媽媽，好像交男朋友了！

很小的時候，爸爸常會騎著機車載我和媽媽到處逛，那是我最開心的日子。上小學後，爸爸、媽媽偶爾會吵架，漸漸地從本來的小聲吵架，變成大聲吵架，還會互相砸東西。我很害怕，每次都躲在棉被裡等他們吵完。

升小學二年級的暑假，有一天，媽媽突然跟我說，她要帶我搬離這個家，也必須要轉學。我問媽媽「為什麼只有我們」「爸爸不跟我們一起搬嗎」時，媽媽只是生氣地要我「別再問了」。我猜，應該是因為他們常吵架吧。

之後，媽媽帶著我到外面租房子。媽媽為了我，盡可能不加班到太晚，才能早早回家幫我準備晚餐、陪我複習功課。

最近，媽媽好像有點不太一樣。持續好幾個星期，媽媽下班回家，幫我準備好晚餐後，就出門去了，留我自己一個人在家裡寫功課。我知道，媽媽應該是去約會了。她最近認識了新朋友，但她從來沒跟我提過。當然，我也不敢多問，就怕她會生氣。

雖然，我沒跟爸爸住在一起，但爸爸偶爾會來看我，帶我出去吃吃飯、聊聊天。其實，我有好多事想跟爸爸分享，但我不知道哪些話可能會讓爸爸或媽媽不開心，只好把這些不敢講的事，都放在心裡。

就像剛才跟爸爸去吃飯，我就好想告訴爸爸「前幾天，我接到一個陌生叔叔的電話，他說他是媽媽的男朋友」。不過，我真的擔心爸爸聽了會不開心。唉，我該怎麼辦才好？

孩子的心聲

針對大人之間的爭吵，孩子會就他所聽到的內容，去猜想「到底發生了什麼事情」。孩子拼湊了些許輪廓後，總會想要再進一步了解，倘若此時因為提出疑問而被父母指責，就會感受到父母的界線，後續也不敢再多問。問號只好放在心裡，等到下次發生類似經驗時，再拿出來驗證。

對大部分的父母來說，婚姻關係的轉變（如分離、重組）有時很難以啟齒，於是，在孩子面前便對類似的話題有所隱諱。

其實，孩子很害怕父母的分離。對這類的事情，孩子是很敏感的，他們知道哪些事情可以問，哪些事情只能自己猜。遇到這種事情，有些孩子會快速長大、變得成熟，卻也有些孩子思想會逐漸偏向負面，因為他們有很深的失落感及無助感，很怕孤單也很怕被拒絕。

大人的苦衷

每個人在面對婚姻關係結束時，一定會產生悲傷與不捨，這些情緒需要花時間整理，才能趨於平復。不過，多數人在遇到這種狀況時，會沉浸在自己的情緒裡，很難去關注到他人。

如同案例中的媽媽，就只顧及自己面對分離的憤怒，而忘記孩子也正因「結束」議題，出現難過、不安全的感受。在不知道該如何回應孩子的時候，媽媽選擇以威嚇方式，制止孩子繼續提問。

至於，關係的「開始」則是喜憂參半。喜悅的是「結束」已經過去，擔憂的則是新關係的穩定性。案例中的媽媽大概是在這樣又喜又憂的心情下，發展新的一段關係。由於不知道該如何與孩子說明、分享，也擔心與新伴侶的關係尚未穩定，所以選擇了暫時隱瞞。

專家給鑰匙，開啟家庭正關係

許多父母都知道彼此分開，對孩子多少會有影響，但卻不知道該如何向孩子說明「大人之間的關係，已經無法再繼續下去」這件事。其實，**學齡前的孩子已經可以覺察家裡氛圍，小學階段的他們，也大概能知道分離是什麼，只是還不能理解分離的原因。**

若覺得直接說有難度，父母不妨利用繪本，或舉例的方式。藉由孩子能理解的狀況，向他解釋爸媽的關係。如用同儕間的爭執比喻，像是「在學校，有時開心，有時也會不開心，如果每次跟○○○講話，都會吵架，吵久了當然就不想再跟○○○做朋友啊。爸爸跟媽媽也是這樣，因為不開心、講沒兩句就吵起來，所以必須分開」。最重要的是，讓孩子知道即使雙親分開了，仍然可以在不影響同住方的情況下，和孩子聯繫、互動。

夫妻分離、各自建立新關係時，務必關注孩子的心情。別擔心孩子無法接受，其實，孩子比大人所想的更具包容性。試著用輕鬆的方式告訴孩子「媽媽（或爸爸）最近有一個喜歡的對象」，他們就能理解。

建議爸媽至少向孩子說明幾件事。首先，讓孩子知道「目前與處於分開狀態的另一半，維持什麼樣的關係」，並保證「無論如何，爸媽都愛你」。即使多了一個新對象，這兩件事都不會受影響。

再來，讓孩子了解「新成員的未來狀態」。對學齡前、國小階段的孩子，說明要具體簡單，不要拐彎抹角。例如「阿姨／叔叔會搬來跟我們一起住，他會幫我們什麼忙、睡哪個房間，及日後對生活會有哪些影響」。

給孩子充足的時間，去習慣新成員的加入。別要求孩子馬上認同這段關係或這個人（新對象）。太急促只會讓孩子感到不舒服。孩子對大人的喜好，是以彼此的互動經驗來認定，在還沒與新對象有充分相處前，不要一味地要求孩子接受，甚或要求孩子要以爸爸、媽媽來稱呼這個新對象。若孩子仍跟前夫（或前妻）同住，可以在不影響孩子學業與生活作息的前提下，讓孩子慢慢搬過來（如每週住個幾天），或利用寒暑假增加相處的機會。

設身想一想

- ☺與另一半走到必須分開的狀態，你會如何向孩子說明？
- ☺單親扶養孩子遇到壓力時，你會如何排解、找誰傾訴？
- ☺開始一段新的伴侶關係時，你會用什麼方式告知孩子？
- ☺透過孩子得知前妻或前夫有新對象時，你會如何回應孩子？

12～18歲

建立自我認同感、迫切需要父母的肯定

這個階段的孩子，正式進入青少年時期，
走在從孩子轉變為成熟大人的重要道路，
他們迫切需要的是自我認同與他人肯定。

父母是孩子建立「自我認同感」的關鍵，
常得不到父母肯定，他們不免自我懷疑。
雙親常在青少年孩子面前互相攻擊詆毀，
則容易讓他們失去自信、產生自卑心態。

衝突讓孩子把解離合理化

我想離開，不想看你們吵架！

「昨天晚上去哪？怎麼那麼晚回家？是不是又跟那票狐群狗黨去喝酒？家裡都不用顧了嗎？每天就喝酒、喝酒……。到底有沒有在關心這個家？」

『你懂不懂？那叫應酬，是為了業績。我不去應酬，哪來的業績獎金？我沒有關心這個家嗎？我喝酒應酬還不都是為了養這個家！你以為我很想喝嗎？當老婆的，你就不能多體諒我一點嗎？』

房間裡，家妤坐在書桌前，英語課本攤在桌上，但她根本無法靜下心來，她的爸媽正在客廳爭吵不休。家妤的心中百感交集，充斥著煩躁、生氣、難過、害怕等情緒。

她擔心再這樣吵下去，爸媽的感情會愈來愈差，也怕他們因為吵得太劇烈而傷害彼此。可是，明天要模擬考的她，根本自顧不暇，只好帶起耳機、把音量轉到最大，但爭吵聲仍不停地在耳邊出現。

家好真想衝到客廳，叫他們別吵了。心想：「既然決定一起生活，為什麼不好好相處？既然在一起不快樂，為什麼不乾脆分開？一天到晚吵到不可開交，這還像個家嗎？我真想離開，不想聽見爸媽這樣吵架！」

另外，家好很怕考試失常，不只很糗，萬一老師關心起來，實在不知道該怎麼回答才好。她不想讓任何人知道家裡的狀況，更擔心同學知道之後，會不會因為她有個問題家庭而看不起她。

孩子的心聲

面對父母吵架的情境，孩子會根據爭吵的內容，快速地認同一方、仇視另一方。但吵架時，往往處於非理性狀態，孩子產生的，多半是負面連結。

例如，由於無法理性判斷實情，一旦認同媽媽受盡委屈，便會將媽媽視為受害者，想著要幫忙出頭，以致讓親子關係變得複雜。更糟的是，孩子仿效父母罵人，學習到不好的人際互動方式。

青少年階段的孩子，原本就與父母的關係較為疏離，在面對爸媽衝突的當下，更會以此合理化「解離」狀態，塑造自我的心理防衛。孩子會把情感歸宿自家庭中抽離，向外尋求情緒的支持，對象可能是同儕、朋友、幫派、黑道等，或藉由親密關係，找到可以依附的對象，並快速地投入愛情之中，藉此證明自己是被愛被需要的。

大人的苦衷

大多數的爸媽為讓家人有好的生活，盡心盡力地工作、照顧家庭，但有時自己的努力，卻不見得能被另一半看見或認同，反而被誤會是不顧家、貪杯，這樣的否定，的確會讓人感到生氣。

有人說，「吵架」勉強可算是一種溝通方式，畢竟，這件事的確有助於了解對方的心裡是怎麼想的。不過，要是三天一小吵、五天一大吵，這種沒有共識、沒有結果，甚至淪於發洩情緒與不滿的吵法，大概還來不及了解對方，夫妻關係就先被吵壞了吧！

因工作、經濟及家庭照顧責任等壓力而爭執，許多家庭都會發生。夫妻意見不合時，若只是忙著爭吵、忙著宣洩不平，不僅無法解決問題，反而會使壞情緒無限放大，逐漸撕裂夫妻間與親子間的感情。

專家給鑰匙，開啟家庭正關係

不論多大年紀的孩子，都容易被家中的氣氛影響。**特別是父母爭吵時，孩子的心情會產生很劇烈的波動。**青少年得承受比以往更大的學業壓力。一旦正為讀不好的書、考不好的試、新發生的人際關係而感到煩躁、焦慮，又遇上爸媽爭吵不休，只怕加強孩子的焦躁感。

根據艾瑞克森（Erikson）心理社會發展理論，**青春期是孩子發展自我認同的關鍵期。**要是沒有及時給予關心、安撫或解釋狀況，只會讓孩子覺得自己不被重視，並懷疑自己在家中的重要性。

與另一半爭吵，當然可以對孩子訴苦，但千萬要向孩子釐清，這只是抱怨，不是要他介入其中。並以類似「這件事讓我很不開心，我希望你可以聽我說說，但不需要做任何事或選邊站」的說法來告訴孩子。

父母主動說明，其目的是「不讓孩子捲入大人的戰爭」，而不是去強調彼此間發生的事或吵架的內容。平時有用心經營親子關係，說明起來，孩子自然願意聽。相反的，親子關係較疏離的家庭，解釋起來相對困難。**父母可以一起或個別向孩子解釋，但遣詞用字必須客觀。**若沒把握能用友善或理性的言語，建議尋求第三人（如諮商師、社工師）協助，好讓孩子看清事件全貌。

設身想一想

☺如何對另一半表達「不喜歡他習慣性喝酒應酬」？

☺如何讓另一半理解「喝酒應酬只是工作需求之一」？

☺若你是案例中的孩子，希望爸媽如何進行溝通？或想對動不動就吵架的他們說些什麼呢？

借題發揮，造成孩子創傷

吵死了，每次都吵同一件事！

這天，小璋回到家，爸爸在書房看書，媽媽在廚房準備晚餐，弟弟半躺在客廳沙發看卡通，看似一如往常的家，氣氛卻有些奇怪。

小璋對著廚房裡喊：「媽，學校訂英語雜誌，要繳三千元喔！」

媽媽聽了，突然大發脾氣，還將鍋鏟用力的扔在鍋子裡，對著小璋咆哮：**「去找你爸拿啊，他錢最多，多到可以拿十幾二十萬借朋友。」**

然後，爸媽就開始隔空大吵。小璋和弟弟嚇得不知所措。

書房內的爸爸，大聲回：「那是我從小到大最好的朋友，人家有難，借他周轉有什麼關係，又不是不會還，而且這是他第一次開口……。」

媽媽不甘示弱，說：「沒錯，他是第一次開口，但這不是你第一次借錢給人。三年前，你不聲不響把二十多萬借給你妹，害我們差點繳不出房貸，房子差點被法拍。要不是我哥幫忙，現在有房子可住嗎？」

爸爸：「不都沒事了，幹嘛翻舊帳，你最厲害就是翻舊帳！」

媽媽：「自己做的好事，不敢承認，還不讓別人說！」

兩個大人就這樣，你一言我一句，直到吃晚餐前，才總算平息下來。

事後，小璋感到很疑惑「為什麼只要說到錢，爸媽就會吵起來」，難道是自己說要繳錢惹的禍嗎？每次聽到他們為錢爭吵，他就覺得好煩好煩，有時，還忍不住想大吼「通通閉嘴」。唉，大人為什麼不能好好討論事情，非得要這樣吵來吵去不可。

孩子的心聲

父母突然且莫名的衝突，會讓孩子感到困惑。因為不曉得父母的憤怒、爭執從何而起，便會以為只要自己乖一點、能夠獨立、不需要麻煩父母，或許父母就不會再吵架了。不過，要是事後孩子認知到，父母只是在借題發揮的話，內心便會產生不滿。

對孩子來說，向父母拿錢買參考書，是求學階段的必經過程。但萬一每次開口要錢時，總是讓父母發生爭吵，這會讓孩子覺得「向父母拿錢是一件不對（不應該）的事情」。這個階段的孩子尚在就學，多數沒有賺錢的能力，物質上經濟上只能仰賴父母。**當自己因為需要用錢而開口，卻引發爸媽爭吵，會讓孩子無所適從。**為了避免紛爭而不向爸媽開口，轉而尋求其他獲得金錢的方式，孩子可能就會因此步入歧途。

大人的苦衷

案例中，媽媽或許不是真的介意另一半把錢借人，而是氣他沒有事先和自己討論，就逕自把錢借出去了。這的確讓人有種不被尊重的感覺。然而，爸爸似乎沒有意會到媽媽生氣的真正原因，以為媽媽就是翻舊帳，把以前的事一提再提。抱持這樣的想法，爸爸自然沒辦法好好解釋，加上媽媽的口氣夾帶宣洩情緒的成分，於是夫妻間的衝突，一觸即發。

仔細想一想，有時夫妻會吵架，往往不是因為正在發生或進行的那件事，真正的關鍵反而隱藏在這件事的背後。不過，當雙方都無法靜下心來好好地思考，徹底想通問題的癥結點，就會持續停留在表面的爭執，無法進一步進行有效溝通或解決問題。

專家給鑰匙，開啟家庭正關係

不論是單薪家庭或雙薪家庭，攸關家庭的經濟問題與壓力，夫妻雙方應該共同討論與承擔，讓彼此都有被尊重、被重視的感覺。若非必要，盡量不要在沒有告知另一半的狀況下，擅自做出重大的決定。

父母最好在爭吵的當下，就將引起爭端的事情與自己的情緒處理好。就算無法立即處理，也千萬不能利用孩子提出的事另起爭執。若事後孩子發現爸媽是借題發揮，容易對父母產生不滿。當發現孩子在面對父母爭吵有創傷反應，建議依循以下步驟與話術，妥善處理孩子心中的創傷：

示範認錯。針對父母在孩子面前吵架、借題發揮等事，主動向孩子認錯，讓他有良好的學習典範。可跟孩子說「我們當爸媽的，沒有將關係經營好、情緒管理好，是我們的錯」。

給予孩子「希望感」。透過與孩子的對話，消除他因創傷而有的負面想法，讓他對未來懷抱希望。可跟孩子說「雖然，現在我與爸爸（或媽媽）的關係不太好，但我們仍想一起努力，並妥善處理我們造成的問題」。

讓孩子理解「父母各有立場」。向孩子解釋，父母是因為立場不同而發生爭執。可跟孩子說「吵架時，情緒難以控制，不免會說出不好聽的話，但這是我們的問題，我們會好好處理，沒有要你選邊站」。

設身想一想

☺如何向另一半表達真實的感受，才能避免衝突的發生？

☺當另一半借題發揮或翻舊帳時，你能體會到他想傳達的訊息嗎？

☺假裝自己是個孩子，會怎麼解讀父母為錢爭吵的原因？

高壓管教之下的反效果

不但成績不達標，還霸凌同學

書瀚自小被爸爸有計畫式的栽培，不只彈得一手好琴、說一口流利英文，在媽媽全職照顧下，成績也始終保持在班上前三名。但自從進入明星高中，身旁匯集來自四面八方的資優生，接連好幾次的考試成績不理想，書瀚逐漸對自我價值感到懷疑。

很快的，爸爸警覺到書瀚的成績落後，除了指責賦閒在家的媽媽未盡心督促外，還開始以成績好壞，作為是否給發零用錢的標準。同時沒收了書瀚的手機，及限制外出活動。媽媽雖覺得爸爸的做法是高壓統治，但一想到爸爸總是說「**現在的辛苦，可以換來書瀚的成功**」便妥協了。

處於高壓狀態的書瀚，完全體會不到爸爸的用心良苦，只覺得不快樂。看著同學放學後相約去打球、逛街，自己卻得準時回家吃飯、洗澡、複習功課。然而，長期的努力，課業仍不見起色。

最近一次段考，書瀚沒能達成爸爸給的目標、全班前五名的要求，而遭爸爸訓斥到半夜，媽媽也連帶被指責。

這次事件過後，書瀚不只在家裡更安靜，也刻意與父親錯開。在學校，書瀚成績並未因父親的訓斥而進步，反而直直落。

某天，書瀚的媽媽接到老師打來的電話，說書瀚在學校出現霸凌同學的舉動……。

孩子的心聲

讀國中時，學業成就高的孩子，相對比較沒有機會歷經挫折。當進入明星高中，不只成績不如預期，還得背負難以達成的父親期待，一旦受挫心情未被接納或處理，自然讓孩子倍感失落，產生自我懷疑。

案例中，父親肯定是個讓孩子既崇拜又害怕的偶像。**強烈的指責與懲罰，對於提升成績並無實質幫助**。除了讓孩子感到羞愧，也讓他懼於在家中表達心聲。刻意與父親錯開，則是讓自己安全與無害的應對方式。

對孩子而言，家本來是個避風港。然而，面臨學業挫折、父親的低評價、母親的噤聲，這個缺少鼓勵與認同的家，逐漸轉變為只具備洗澡、睡覺、吃飯等基本功能的地方。於是，孩子只好尋求其他事件，刺激自己的存在價值。例如，透過霸凌同學，讓同學感到畏懼，以顯示自己是有能力的。

大人的苦衷

現今社會，許多父母願意全心全意栽培孩子，無論是補習課業、培養才藝或技能等，無非是希望孩子能贏在起跑點，或代替自己完成未完的夢想，或替這個家爭一口氣。總之就是想盡辦法，把孩子推向邁向成功的那條路，但孩子若沒有達到期待，父母不免感到失望。

不過，人是獨立的個體，每個人對於成功的定義都不一樣，若不能溝通清楚彼此的期待與想法，很容易就會造成親子或夫妻間的衝突與誤解。好比案例中的父親，自認為是家中經濟支柱，說話自然大聲。擔任家管的媽媽，由於長期缺乏與外界的交流，逐漸認同父親行為，對孩子的異常反應，也只能說服自己這只是一個過程。

專家給鑰匙，開啟家庭正關係

面對父母的高壓，氣質內向的孩子也許悶著頭硬撐，但心理的陰影，將導致日後不知如何與人建立關係，或複製相同模式去對待他人。氣質外放、自主性強的的孩子，也許就成為大人口中的「叛逆小孩」，被貼上這個標籤後，孩子將對自我產生質疑，進而向外尋求肯定，親子關係當然愈來愈差。

懲罰與責備在執行初期，也許能收到效果，但隱藏的效應是讓孩子喪失信心，找不到成就感，最後讓他們放棄、不願再做任何嘗試。這時，若有第三方能讓孩子感受到被需要的存在感，孩子就會積極往第三方靠近。當父母發現情況不妙，想再取回與孩子的聯繫，就必須花上好幾倍的心力。

青少年期的孩子，主要的認同對象逐漸從父母轉向同儕。當父母使用權威方式管教孩子，效果就如同彈力球一般。施的力道愈大，球就會反彈得愈高。

孩子畢竟是孩子，偶爾還是會有想玩、想放鬆的時候，給予他們一些空間，大人也能順勢喘口氣、休息一下。

各個成長階段，孩子會遇到不一樣的挫折。度過了，孩子的心理狀態就會往「穩定」前進一步，若度不過，就會因為降低信心，而向「焦慮」靠攏。此時，父母的角色就十分重要，適時地陪伴與鼓勵，不僅讓孩子感到溫暖，更能支持孩子走過挫折、從中學習釋放情緒。

設身想一想

☺孩子沒能達成預期目標時，如何處理才不至於帶給孩子壓力？

☺孩子因挫折而衍生出霸凌行為，你將如何應對與做後續處理？

☺面對另一半給的超高標準及孩子的挫敗，你要如何在兩人的緊繃關係中，找到可以對話的空間？

不告而別讓孩子親職化

媽媽丟下我和弟弟離開了！

早上一起床，小賢就發現媽媽不在家。本來都是媽媽準備早餐，今天竟換成爸爸。廚房裡的爸爸默不作聲，就算看到他，也一句話都沒說。小賢猜想，媽媽大概是昨天晚上、趁他與弟弟睡著後就離開了吧。

小賢不敢相信，媽媽居然就丟下他和弟弟，自己走了。不過，雖然很傷心很難過，一聽見到弟弟在房裡呼喊，仍立刻像個小媽媽般，帶著他去洗臉刷牙換衣服，心想「**媽媽走了，照顧弟弟就是我的責任**」。

對於媽媽的不告而別，小賢除了震驚，也充滿疑惑與不解：

「媽媽不管我們了嗎？他不要我和弟弟了嗎？我做錯什麼嗎？」

「媽媽還會回來嗎？這個家，就只剩我、爸爸、弟弟而已嗎？」

「媽媽被爸爸趕走的？還是他自己根本不願意繼續待在這個家？」

「媽媽到底去了哪裡？晚上有地方住嗎？會不會發生意外？」

「媽媽真的愛我嗎？怎麼可以什麼都沒有說，就自己走了呢？」

「媽媽要和爸爸離婚嗎？還是跟以前吵架一樣，過幾天就好？」

「以後，我們家會變成怎麼樣？我和弟弟該怎麼辦啊？」……

對於未來的不確定性，一直在小賢的心中盤旋著。小賢想要找個人、把問題說出口，卻不知道該向誰說才好。最後，只能強迫自己將這些不安隱藏，忍受那種不舒服的情緒。

孩子的心聲

面對父母的不告而別，孩子會出現恐慌、害怕、焦慮、憤怒、生氣、無能為力、被遺棄、被背叛等複雜感覺。他們多半會認為「自己不再被媽媽（或爸爸）重視，對方才會選擇沒有告知就離開」。

離開的一方，若平常是孩子的主要照顧者，孩子更會像艘迷失在大海的小船，對未來感到茫然、不踏實。留下的一方，則與孩子最具關聯性，要是無法克制自己負面的想法與情緒，很容易會對孩子的生活與心理造成影響。

面臨分裂的家庭，家長們應該要好好處理各自的角色問題。不然，**孩子很可能被迫扮演起大人的角色，又要照顧家人，又要同理並承受大人的負面情緒與責難**，或像案例中的孩子般，一夜長大，成了成熟的小大人，為的就是代為照顧年幼的弟妹。

大人的苦衷

案例中的媽媽之所以一走了之，顯示出自己對於夫妻之間的相處紛爭實在沒輒，因而痛下決心，離開孩子離開家。或許媽媽心裡清楚得很，這樣做根本不能解決眼前的問題，不過，選擇離開這個令人不開心的處境，的確能減少再被傷害的危機。

面對老婆的離去，爸爸感到生氣、難過、慌亂。他想必無法認同另一半以如此極端的手段，處理兩人之間的紛爭吧。可是，爸爸並不曉得怎麼與另一半溝通，也不知道如何向孩子說起家中的紛亂與變化，更沒把握能好好地應對這個突發狀況。於是，只好冷處理自己的情緒，希望自己和孩子的生活仍然可以維持既有模式，不至於因為這件事而脫離正軌。

專家給鑰匙，開啟家庭正關係

夫妻溝通出問題時，暫時迴避是可以的，但仍要以不影響家庭的運作為優先。有時，夫妻之間破裂到無法交談、難以溝通的地步時，建議要尋求專家協助，了解如何有效改善與另一半的相處窘境。

父母在決定分離或離開家前，應該事先找機會與孩子溝通，或把即將分離的訊息告知孩子，關懷孩子的感受、了解他對未來的恐懼與想像。若家長逕自決定就馬上離開，會讓孩子感覺不被重視，致使日後在人際關係的處理上，處於較為卑微、退讓的角色。

爸媽分離或某一方離家，有些孩子會有「親職化」現象。大人應該要主動與孩子談談這種情形。簡單來說，親職化是指孩子做出超齡的表現、代替大人去做大人的行為，如取代父母照顧弟妹的生活起居，這對孩子並不是件好事。

孩子不該淪為大人爭吵架的犧牲品。**孩子如果出現「親職化」行為，大人務必協助孩子重新重視自己、肯定自己**。感謝他為大人分擔壓力及辛苦，也要鼓勵他關心自己的課業、找同儕玩、過適齡的生活，試著讓孩子了解「愛家人的同時，也要愛自己」。

設身想一想

☺遇到案例的情形，該如何向孩子說明另一半的離開及原因？

☺若自己因夫妻紛爭不告而別，最擔心的事會是什麼？

☺如果你是案例中的孩子，最想告訴離去方和留下方什麼？

不當言語形成的冷暴力

我眞像爸爸說的那樣差嗎？

一年多前、小婕在升國中之際，她的父母離婚了。目前她與爸爸、祖父母同住。小婕父母未離婚時，就常為了生活習慣、金錢觀等無法契合而爭吵。即便已經離婚一段時間，雙方仍為了小婕的教育問題、扶養費用吵來吵去，有時候，小婕甚至還會被遷怒。

這天，小婕放學回家，爸爸一見到她進門，就冷冷地說：「妳那個媽居然為了一兩百元跟我討價還價，那些錢是要拿來養妳的耶。沒出多少，還敢在那要求多看妳一兩個小時，妳以後千萬不要像你媽一樣！」

面對這類突如其來的指控，小婕早就學會沉默應對。

吃晚飯時，小婕趁著祖父母都在，向爸爸表示學校要買數學參考書，爸爸卻說：「才剛說完，妳就來了，跟妳媽一樣——死要錢。我上輩子欠你們母女多少啊？好不容易跟妳媽離婚，現在又換妳討債。」

聽著爸爸的嘲諷，小婕強忍著眼淚。睡前，把成績單拿給爸爸簽名時，又得到一頓謾罵：「這種成績還敢跟我要錢買參考書？我小時候再不爭氣，也不曾考這麼差，肯定是遺傳到妳媽。考這樣，不要跟人家說妳是我女兒。我看，這錢又是白花的了。」

小婕再也忍不住了，眼淚不停落下，緊緊抓著成績單，心中不斷地想著，「自己真的像爸爸說的這麼差嗎」。

孩子的心聲

艾瑞克森（Erikson）的心理社會發展理論指出，**青春期正處在自我統整及尋求他人認同的階段，總是希望自己的想法、所作所為能夠得到他人，尤其是家人的認可。**這將使他們增進自信心、認定自己的能力，亦有助於他們具備求學、待人處事的基本能力。

孩子來自於父母，在他們的心中，父母是生命的一部分。聽到最愛的兩個人互相批評，他們會受到傷害，自尊心及自我價值也會受損。

可惜的是，案例中的爸爸不只沒有給予孩子認可，還不斷趁機以嘲諷、貶抑的言語對待。孩子選擇以沉默、忍耐，來應對這種言語暴力，將焦慮及自我懷疑放置在心中。**心中的傷痛若沒有獲得妥善處理，這樣下去可能會導致孩子充滿失敗感，進而自我放棄。**

大人的苦衷

父母因為無法繼續相處下去，選擇「離婚」是一個可行的方式。不過，即使已經分離，很多人可能因為孩子的關係，不得不在一起，畢竟，雙方仍需密切聯絡、碰面，討論孩子的照顧、就學等問題。

過程中，難免會覺得遭到對方故意刁難、找碴，或因為與對方意見不合，發生爭執。如果當初夫妻的分離是不歡而散，爭執的程度恐怕會更大更劇烈，溝通自然變得困難重重。

此外，案例中的爸爸想必對於孩子的媽有諸多不滿，但他卻不願意與媽媽直接進行對話，而是選擇將這些負面的情緒移轉，並發洩在無辜的孩子身上。爸爸所說的每一句話，看似都在批評前妻有多差勁多過分，不過，聽在耳裡、真正受到傷害的卻是孩子。

專家給鑰匙，開啟家庭正關係

大人若是將負面情緒灌輸給孩子，恐怕會形成冷暴力，在這種暴力行為之下，雖然外表看不出來，內心卻是傷痕累累。如同案例中的爸爸，把對前妻的不滿，反映到孩子身上，長期冷嘲熱諷勢必造成孩子的壓力。這會影響孩子對自我與媽媽的認同，擔心爸爸將自己的行為解讀為與媽媽一樣。

一開始，孩子可能疑惑「為何要替媽媽（或爸爸）承受責難」，習慣此模式後，恐怕直接認定「自己本來就應該承受」。**持續處於這種狀態，輕則對自我價值或人生方向感到混亂，重則懷疑自己存在的意義。**

對前妻（或前夫）的負面情感，根本不應為了發洩，而要孩子全部承擔。可以選擇向親友傾訴，讓自己找到情緒出口。如果沒有親友可以傾訴，非得向孩子訴說時，要澄清沒有要他們選邊站。

適時尋求專家協助，建立與前妻（或前夫）較佳的互動方式，可以降低爭執機率，找到處理問題的方式。或讓法律介入，請求法院針對會面時間、扶養費用等，定出一個明確、固定的方式，減少雙方的爭議。

設身想一想

☺ 該如何回應冷嘲熱諷，好讓對方知道他的言詞對你已造成傷害？

☺ 如何妥善處理對前夫或前妻的不滿，才不致讓負面情緒波及孩子？

☺ 身為親友團，該如何開導關係不睦的夫妻與因此受傷害的孩子呢？

爸媽離婚造成隱形困擾

跟了媽媽等於失去爸爸嗎？

三天兩頭吵吵鬧鬧的爸媽，總算決定要離婚了。小定的心情感到有點放鬆，他知道爸媽生活在一起的這段日子，都很不快樂。可是，他同時陷入「到底要跟誰」的左右為難……。

前幾天，媽媽問小定，說：「我跟你爸離婚，你想跟誰？你好好想。如果要跟你爸，我就自己回外婆家住，你想來看我，就來，不想來，我也不勉強。」

無獨有偶，這幾天爸爸也告訴小定，說：

「我跟你媽媽要分開了，你要跟著誰？要跟你媽的話，我就把房子留給你們，我回去跟爺爺、奶奶住。我希望你還是要常來看看爺爺、奶奶，畢竟你是長孫，而且他們很疼你。」

小定看似擁有選擇權，但心裡頭的擔心卻不斷地浮現：

「爸爸跟媽媽要是離婚的話，他們就要分開了吧！這是否意味著『我即將失去他們其中一個』呢？」

「如果我最後選擇了跟媽媽，那我是不是再也不能跟爸爸見面，連最愛我的爺爺和奶奶，我也無法看到了吧？」

「雖然媽媽說不會勉強我，但我要是跟了爸爸，媽媽會不會因此生氣、討厭我，甚至永遠都不想看到我呢？」

孩子的心聲

即使青春期的孩子比起其他階段來的成熟、懂事，但父母的分離仍會被孩子視為未知的開始，這將讓孩子感到不安與焦慮。畢竟，這代表著原本的生活被迫改變。尤其，在孩子還必須面臨「要選擇跟誰」的為難處境時，他的心情更為糾結、動盪。

孩子終究只是孩子，就算他也清楚知道「父母在一起生活並不快樂，分開（離婚）對誰都好」，但依然會渴望能跟大部分的人一樣，擁有一個完整的家，一家人住在一起生活著。

忠誠與否，又是一個讓孩子擔心的問題。孩子煩惱的是「選擇其中一方，就代表對另一方的背叛」。要是像案例中的爸媽一樣，在要求孩子做出選擇時，使用隱藏威脅的暗示性字詞，更是加重孩子的壓力。

大人的苦衷

不論是爸爸或媽媽，無非都希望能給孩子一個完整的家。但在歷經許多努力、試著與對方好好地相處之後，仍無法改善現況、繼續下去只會互相傷害、影響孩子，幾經深思熟慮，可能發現「分開」也許對大家都好。

分離爸媽最棘手的問題之一，就是「孩子應該與誰居住及照顧」。大部分的爸爸與媽媽，在能力許可下，多會希望能與孩子同住。既然如此，想必很擔心孩子最後選擇的不是自己，因而在詢問的過程中，加入一些暗示。

當爸媽認為孩子已經是懂事的年紀，會讓孩子自行選擇未來要跟誰住。成為孩子的選擇肯定開心，不過，不免擔心未來的單親處境，是否會帶給自己與孩子其他的困擾。沒被選到的一方，當下的失落、難過可以想見，但相對而言額外的煩惱可能比較少。

專家給鑰匙，開啟家庭正關係

身為爸媽，應該要順應事情發展，把「即將分開」的訊息傳達給孩子。當孩子表達「不希望父母離婚」時，即使木已成舟，也不要馬上予以負面反應或責備，而是要肯定孩子「想繼續擁有這個家」的心情。

接下來，試著請孩子站在爸媽的立場，引導他去思考「現在的爸媽真的快樂嗎」「如果爸媽離婚，是不是對整個家庭都比較好」「爸媽是不是應該擁有更好更愉快的生活」等。進行親子討論的最主要目的，為的是讓孩子聯想——其實，自己也能有更好的選擇。

此外，引導孩子去思考「怎樣的家庭才是美好的」，讓孩子逐步面對現實，知道父母再努力，也不可能達到孩子渴望的家庭模樣。之所以決定離婚，是試著要讓父母間與親子間的關係不再繼續惡化。

監護權，是可以和青春期的孩子一起討論的。但絕對不是劈頭就要孩子選擇跟誰，這會讓他感到不知所措。爸媽要先向孩子表示「不論後續如何發展，我永遠是你的爸爸（或媽媽）」，讓他知道父母未來可能的生活樣貌，並與孩子討論「與未同住的一方，該如何維繫親子關係」。

然後，要說明監護權人應負的責任，再詢問孩子「希望由誰來擔任這個角色」。並適時提醒孩子，監護權人可能因某些因素而更改，以避免未來若真的發生改定監護權的狀況，孩子會認為自己又被背叛。

最重要的是，多使用開放式的問話、中性的措詞，如「如果爸爸跟媽媽分開，你覺得怎麼樣」「你希望未來的生活是什麼樣子」等，千萬不要用威脅的口氣來警告孩子，如「選擇跟爸爸（或媽媽）住的話，你就永遠看不到我了」。這只會讓面臨分離議題的孩子，陷入自己是否不夠忠誠的擔憂，或認為自己會因為做了選擇，而被其中一方責備或討厭。

營造良好的探視氣氛，則是離婚後最重要的課題。不論是否與孩子同住，都不要在孩子面前說對方的壞話，也不要在探視前，有意無意透露對對方的不滿情緒，要讓孩子與對方見面時無憂無慮。要是父母沒有把握成功處理不好的情緒，可求助諮商輔導等相關資源。

設身想一想

☺ 身為爸爸或媽媽，你會如何向孩子傳達「離婚」的決定？

☺ 什麼樣的說（問）法，才能讓孩子安心地選擇「想要跟誰」？

☺ 如何引導父母分離的孩子，坦然表達自己對未來的期待？

同場加映

情緒勒索的危機

「好幾天沒看到你了。你不在時，我好孤單，希望你多住幾天！」

「你堅持要去媽媽（或爸爸）家住，就永遠住那，不要回來了！」

為了塑造孩子在自己心中的絕對重要形象，分離爸媽也許都曾使用威脅、利誘、恐嚇等表達字眼，但這只會讓孩子不知所措，他們不知道怎麼做，才是對三方都好的方式。爸媽在無形中，可能會構成所謂的「情緒勒索」。

什麼情況可能是「情緒勒索」？

根據美國知名心理學家蘇珊・佛沃（Susan Forward, Ph.D.）提及，情緒勒索係指「當人無法為自己的負面情緒負責時，以威脅或利誘手法企圖掌控另一方、迫使對方順從，來達到自己的目的。不論愛情、親情、友情、職場關係等，都有可能發生情緒勒索。親子間的情緒勒索，常見方式如下：

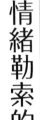

★不合己意，怒氣就會直接爆發

用「你選擇跟你媽住，我就不幫你付學費」「再去找你爸，乾脆不要回來」的說法。或不直接表達，而是擺臭臉或冷漠表情，來讓孩子感到恐懼。

★因沒被順從，而折磨或虐待自己，使孩子得到心靈上的懲罰

用「你回爸爸家時，我想你想到吃不下」「你再去找你媽，可能永遠看不到我了」的說法。或真的做出傷害自己、影響健康的事，來期待孩子順從。

★打悲情牌來增加孩子罪惡感，迫使遂其所願

用「你沒來時我好孤單喔，希望你多住幾天」的說法。或不必說話，只要唉聲嘆氣，表現出沮喪、雙眼含淚的模樣，來達到想要的目的。

★提出孩子嚮往的東西，來誘使他們聽話

用「這禮拜若不去找你媽，我就帶你去遊樂園玩」「暑假不回你爸家，我就帶你去童玩節」的說法，並一再提醒「若不順我意，就什麼都沒有」。

為什麼大人會「勒索」孩子

親子間的情緒勒索，是一種難解的問題。為了迫使孩子順服自己，爸媽可能會使用各種手段，剝奪孩子的自由選擇權。部分的父母之所以出現「情緒勒索」的作為，可能原因有以下三種：

★童年時的某些經驗，延續到長大成人後的失落感與依賴感

為了不想再承受或經歷被拒絕、被遺棄、被忽略的類似經驗，因而選擇對孩子情緒勒索，藉此控制或支配孩子的做法與想法。

★把自己的所作所為，合理化成「都是為了孩子好」

即使是使用了錯誤的方法，可能或已經傷害到孩子（生心理都算），大人也不會為此而感到內疚或罪惡。這類型的爸媽總是以為這樣做，是為了要讓孩子成為更好的人。

★對已分離的另一半放不下，希望透過孩子繼續與對方維繫關係

即便對於這段關係的感受是負面的、不好的，仍希望盡可能透過孩子，與另一半保有緊密的聯繫感，進而形成一種單向的情感連結。

孩子長期被「勒索」的副作用

「情緒勒索」普遍發生在生活中，特別是親子關係，更是頻繁出現。例如，當爸媽對孩子說「我是為你好，才這樣做」「你最好想清楚，不要到時才來求我幫忙」時，表面上說的很好聽，背後卻隱藏著：「接受我的建議與指示，最好不要有自己的想法，否則後果自負。」

專家指出，長期處在情緒勒索的情境中且程度嚴重時，勒索者與被勒索者的關係看似變得緊密，相處的氣氛卻轉為緊張。一旦爸媽總以帶有勒索意味的說（做）法來左右孩子、讓他「聽話」，可能產生難以彌補的副作用。

父母不斷地「勒索」孩子，會造成他們缺乏自我。孩子為了要能符合大人的期待，不斷接受父母的支配與掌控，久而久之，自然會覺得自己很軟弱、無用、一無是處，自尊與自我形象也會逐漸被瓦解。

要是孩子習慣將不快樂的感受隱藏起來，常會以沮喪、焦慮、暴飲暴食、頭痛等生理不適呈現。**因不確定把感受（尤其是憤怒）說出口會被如何對待，**

進而將情緒內化，轉化成沮喪。額外的心理壓力與各種負面情緒，也容易對孩子造成生理影響，因而出現病徵。

反覆地情緒勒索，會使親子間的距離愈來愈遠。為了防止自己受到傷害或產生難過的情緒，孩子會開始防備父母的再度勒索，如壓抑自己的情感、不願跟父母分享生命中的重要事件等。

如何有效避免「情緒勒索」

父母對子女的情緒勒索，反應父母的內心狀態。父母之間的恨、渴望與失落，逐步移轉到孩子身上。孩子的出現提醒著雙方關係的拉扯與破裂。大人慣性且不自覺將壓力釋放給孩子、藉此干擾對方，縱使如願，也傷害了孩子。

從孩子的角度出發，認真看待且認同他的需求，是預防情緒勒索的必要條件。畢竟，孩子是獨立自主的個體，總有一天會有自己的世界、建構自己的家庭，年紀較小他們也許只能概括承受，但長大的他們，勢必會選擇離開充滿壓力的環境，或只與關係良好的一方保有緊密互動。若已出現情緒勒索，爸媽應該謹慎面對，並試著用以下方式進行修正：

★**大人要理性地對話與溝通：**雖然當不成夫妻，但也無法抹去彼此是孩子父母的事實。所以為了孩子，應該理性溝通，避免互相猜忌，或以自己的想法揣測對方，才不會讓孩子成為雙方爭吵之下的犧牲品。

★**設想孩子處境，聽聽他的聲音：**不論爸爸或媽媽，都是孩子成長路上很重要的人物。用孩子來證明對方的不好，對孩子有害無益。傾聽孩子聲音，了解他恐懼、擔心的原因，檢視自己是否給予孩子太多壓力。

★**找專家或相關機構協助：**有時，最大的問題在自己身上。想看到對方過不好，對自己並無好處。不妨找個諮商師或社工師談談，從自己的問題與傷口著手，或許是解開內心壓力與不悅的最佳辦法。

後記

學著讓自己成爲孩子的成長正能量

我們總是相信著：**每個生命降落之後，都應在備受關愛及呵護下成長。**這個家不管好或壞，富有或貧窮，對孩子而言，「家」就是他的天與地。身為社工的我們，殷殷盼望著，這個「家」能夠提供最豐厚的愛與資源，成為孩子最放鬆，沒有恐懼、沒有焦慮的避風港。

然而，看向這條充滿盼望的路，並不總是美好。**因為創造一個「家」何等的不容易，人與人的互動裡，有著包容與接納與愛，卻也有著紛爭與吵架與意見不合的時刻。**大人在組成家庭之後，應該學會如何應對衝突的場合，把對家庭對孩子的傷害降到最低。

人是微妙的生物，像黏土一樣可以被塑造，像彈簧一樣擁有面對各種變化的彈性。更像是一塊海綿，能吸取大量能量，在好的環境裡，吸取的是有利成長的正能量，在不好的環境裡，則是危害身心靈的負能量。

孩子更是如此。他需要富有彈性，才能去面對爸媽給他的價值觀與生活方式，並學著調整自己，來適應爸媽之間的差異。即使孩子無法達成大人心目中的那個模範時，也應給予包容、關照與愛。

當父母願意透過學習而進步，整個家都能變得更好。**與另一半意見相左時，學著尊重並理解，比抱怨更為重要**。不一樣的處事模式，能給孩子不同於你的生活體會。這是讓孩子培養包容的心、學習多元能力的途徑之一。

的確，這樣的過程相當不容易，但還是得克制情緒干擾，時常提醒自己並進行練習。不論眼前看見什麼事情、遇到什麼問題，都要抱持正向態度，相信每一件事的發生，都是有意義、有價值的。

附錄一

給分離父母的練習題

大人怎麼說，孩子才會懂？

很多時候，爸媽會因為「不知道怎麼說」而乾脆不說，並在認為「反正那是大人的事，小孩不用知道」，同步用「順其自然吧，孩子長大就會了解」的理由安慰自己。**當孩子驚覺事情不妙，提出疑問時，過度情緒化或負面的回應，只會讓心中充滿問號的他們，產生更多的焦慮與不安。**

敏感的孩子能透過環境變化，大概拼湊出事情的發展，但他們仍渴望爸媽親自說明，包括目前的情況及未來會如何等。說明的最主要目的，是讓孩子放心。**建議說明時，根據孩子的成熟度，使用恰當好懂的語言。**以下列舉幾個常有的情況，讓爸媽可以事前做練習。

練習1▼如何向孩子解釋「爸媽吵架」？

對嬰幼兒、學齡前（12歲以下），或心思較為單純的孩子，不妨這樣說明，或透過文字訊息傳達大人的想法：「寶貝，我們吵架並不是因為你不乖或不聽話，是我們對某事看法不同，所以都不開心。我們正想辦法解決。就像你跟學校同學吵架一樣，我們會嘗試和好，但不是馬上，可能需要一些時間。」

對學齡期、青少年時期（12～18歲），或心思較為成熟的孩子，不妨這樣說明，或透過文字訊息傳達大人的想法：「孩子，吵架不是好的溝通方式。抱歉在你面前爭吵起來。請放心，我們會想辦法解決，並盡量不影響到你。另外，我們不希望你介入這場紛爭，更不需要你選邊站。」

如果是你，要如何跟孩子說明呢？

練習2▼如何告訴孩子「爸媽要離婚」？

對嬰幼兒、學齡前（12歲以下），或心思較為單純的孩子，不妨這樣說明，或透過文字訊息傳達大人的想法：「媽媽跟爸爸在一起，不小心就會大聲說話或吵架，這樣對我們的身體不好、心情不好，住在家裡的人也不舒服、害怕，所以我們選擇分開。不過，我們還是你的爸爸、媽媽，我們一樣愛你。」

對學齡期、青少年時期（12～18歲），或心思較為成熟的孩子，不妨這樣說明，或透過文字訊息傳達大人的想法：「你覺得爸媽快樂嗎？我們在一起生活真的不快樂，這連帶讓你擔心、不開心。我們決定分開。我們知道『分開』對你來說很不公平，很抱歉讓你面對這些事。但我們永遠是你的爸媽。」

如果是你，要如何跟孩子說明呢？

練習3▼如何告訴孩子「新伴侶關係」？

對嬰幼兒、學齡前（12歲以下），或心思較為單純的孩子，不妨這樣說明，或透過文字訊息傳達大人的想法：「爸爸最近認識一個阿姨，他現在是我的女朋友。爸爸常跟她介紹你，她也很想認識你，你願意跟她見面嗎？如果你還不想交這個朋友，也沒關係。但你有什麼想法，一定要告訴我喔！」

對學齡期、青少年時期（12～18歲），或心思較為成熟的孩子，不妨這樣說明，或透過文字訊息傳達大人的想法：「最近有一個人在追求我，他對媽媽真的很好。如果我決定跟他交往，你會不會有什麼擔心呢？如果有，你願意跟我聊聊你擔心的事情嗎？我希望可以了解你的想法。」

如果是你，要如何跟孩子說明呢？

練習4▼如何向孩子說明「必須與手足分開住」

對嬰幼兒、學齡期（12歲以下），或心思較為單純的孩子，不妨這樣說明，或透過文字訊息傳達大人的想法：「我們都想照顧你和哥哥，但因為沒有辦法繼續住一起生活，所以爸爸跟媽媽只能選擇一人照顧一個。我知道你們會因為不能同住而感到傷心，但你們還是可以打電話聊天，或假日一起出去玩。」

對學齡期、青少年時期（12～18歲），或心思較為成熟的孩子，不妨這樣說明，或透過文字訊息傳達大人的想法：「爸爸跟媽媽要分開住了，我思考過我的收入與時間，無法同時照顧你和妹妹，所以只好讓你們分開住。不過，你們還是可以互相聯絡或見面。」

如果是你，要如何跟孩子說明呢？

附錄二 給分離父母的貼心提醒

父愛、母愛，都不阻礙！

提醒1▼尊重孩子的決定，不剝奪應有權利

- 讓孩子能擁有與離異（或分居）另一半的相處空間、時間
- 不要獨占孩子。即使爸媽離婚，孩子仍需要父母雙重的愛
- 用中性的字眼，詢問孩子「想要跟誰」，並尊重他的選擇
- 別以威脅利誘來要求孩子，減少與離異（或分居）另一半互動
- 孩子分享與離異（或分居）另一半相處點滴，請給予正向回應
- 會面或探視時，可以讓孩子選擇想帶的東西，如玩偶、玩具等

練習2▼孩子不是垃圾桶、傳聲筒、出氣筒

- 孩子在面對父母分離時，常常會把自己視為事件的導火線
- 孩子不是傳聲筒。大人之間的事情得回歸大人的世界
- 對孩子而言，「保守大人的祕密」是一件有壓力的事
- 不要透過孩子套問離異（或分居）另一半的生活細節
- 爸媽要建立各自的傾聽資源，別把壞心情全倒給孩子

練習3▼別當烏賊爸媽，別讓家庭烏煙瘴氣

- 不要向孩子說「就跟你爸爸（或媽媽）一個樣」。這會讓孩子感到無奈、挫折與生氣，而且會讓他喪失自信
- 在孩子面前批評或攻擊另一半，只會讓孩子覺得反感、厭惡，對於家庭關係不僅沒有實質幫助，甚至會使傷痕加劇

- 把孩子拉入大人的戰場，絕非好事。孩子會將頻頻遭受攻擊的一方視為弱勢，因而燃起要保護的責任
- 不要否定另一半為孩子所做的事，要與對方建立「為孩子好」的共識，並彼此尊重與自己不同的教養方式

練習 4 ▼ 建立好夥伴關係，讓孩子快樂第一

- 共同參與孩子的活動時，要拋開大人恩怨，保持友善態度
- 討論關於孩子的扶養費或照顧安排時，請盡可能避開孩子
- 會面時間若與協議不同，務必知會同住方，避免引起紛爭與困擾
- 別打擾孩子與離異（或分居）另一半的相處，這會讓他無法安心
- 鼓勵孩子與離異（或分居）另一半互動，讓他的成長有爸媽陪伴

附錄三 給分離父母的會面聯絡簿

雙向溝通，孩子幸福加分

透過理性的文字，建立分離父母的雙向溝通，讓雙方都能在第一時間掌握孩子的狀況，並給予適合的關懷與協助。不只免去當面溝通引發的意見不合或情緒起伏，亦可以透過記錄，讓孩子的成長與學習，不會因為兩邊跑而出現斷層，好把大人分離對孩子造成的影響降到最低。

會面聯絡簿的製作其實很簡單（參考左頁範例），不需要特別精美，但是基本的聯絡事項不能少，其中包括**本週注意事項**、**近期重要活動**、**待完成作業**、**其他特殊事項**等，並要**預留位置讓會面方給予回應或交流**。如果想要增加豐富度，不妨加上孩子的心情或食欲分數等，增加彼此對孩子的了解程度。

<table>
<tr><th>日期
項目</th><th>07/04
（星期一）</th><th>07/05
（星期二）</th><th>07/06
（星期三）</th><th>07/07
（星期四）</th><th>07/08
（星期五）</th><th>07/09
（星期六）</th><th>07/10
（星期日）</th></tr>
<tr><td>本週心情</td><td>😐</td><td>☺</td><td>☹</td><td>😐</td><td>☺</td><td>☺</td><td>😐</td></tr>
<tr><td>本週食欲</td><td>普通</td><td>佳</td><td>差</td><td>普通</td><td>佳</td><td>佳</td><td>普通</td></tr>
<tr><td>本週
注意事項</td><td colspan="7">❶ 7/6發高燒。我有帶他去陳小兒科就醫，目前已退燒。麻煩你按照醫囑服藥。PS.健保卡放在藥袋裡
❷ 7/4孩子說他在校被抓頭髮。隔日我已前往幼兒園了解，應是同學在玩。我會持續關心，若有狀況會再跟你說。</td></tr>
<tr><td>近期
重要活動</td><td colspan="7">❶ 幼兒園親師座談在7/15（16：00～18：00），當天我要出差，麻煩你請假前往。PS.若不行，再討論
❷ 7/17晚上是孩子的小提琴演奏會，歡迎你一起來。</td></tr>
<tr><td>待完成
作業</td><td colspan="7">❶ 孩子本週要完成黏土作業，請協助！</td></tr>
<tr><td>其他
特殊事項</td><td colspan="7">❶ 下半年度小提琴學費共16,000元，8/5前麻煩將8,000元匯入我的帳戶，Thanks！
❷ 中秋連假（9/15～9/18）我想帶孩子出國旅遊。恐怕影響你跟孩子會面，想跟你商量一下。再麻煩你跟我聯繫，或回覆方便的時間。</td></tr>
<tr><td>回應與
紀錄</td><td colspan="7">❶ 幼兒園親師座談與小提琴演奏會，我都會去。
❷ 能把出國移至國慶連假嗎？中秋連假讓我帶孩子回鄉下，孩子的爺奶好一陣子沒看到他了。下週三、四可與我聯絡。</td></tr>
</table>

※表格可複印使用

日期 項目	/ （星期　）	/ （星期　）	/ （星期　）	/ （星期　）	/ （星期　）	/ （星期　）	/ （星期　）
本週心情							
本週食欲							
本週 注意事項							
近期 重要活動							
待完成 作業							
其他 特殊事項							
回應與 紀錄							

最新增訂

那些發生在家事法庭、也發生在你我身邊的故事

每一個故事都代表著一個家庭，
這個家庭的模樣可能就出現在你我身邊。
故事裡沒有配角，人人都是主角，
社工會協助每位主角好好地走下去，
即使家庭無法回復到過去的完整，
依然能夠提供最完整的功能與關係。

孩子不說，不代表他沒事

爭執無法避免，但不是過了就沒事。
冰山理論釐清情緒與行為的背後動機，
讓自己成為穩定家庭氛圍的那個人。

阿漢（化名）與筱晶（化名）交往半年即步入禮堂，小倆口沒有甜蜜多久，就迎接他們第一個女兒樂樂（化名）。想當然耳，夫妻兩個人得在很短的時間裡，面對許多生活上的轉變與衝擊。孩子出生而加重的經濟負擔，以及雙方對教養觀念與價值觀的差異，逐漸消磨掉兩個人本來就不是很穩固的感情。這時，第二個孩子也來報到了。

現實是最殘酷的。即使夫妻都意識到婚姻裡的危機，卻無暇去修補或改善，只能為了越來越重的開銷壓力，全心全力投入工作。以致彼此相處與陪伴的時間越來越少，生活上的爭執與不愉快越來越多。幾年過去了，累積許多負向的情緒與對另一半的偏見，每次的溝通都無解，逐漸進入爭吵、衝突、冷戰的無限循環，演變成「高衝突家庭」。還在讀中低年級的樂樂與弟弟，因此成為了「目睹兒」，他們見證父母之間越來越嚴重的衝突，與越來越詭譎的家庭氛圍。

不僅阿漢與筱晶的婚姻岌岌可危，一家四口的交集也越來越少，日復一日，慢慢地走向惡化的邊緣。直到那一天筱晶無法再忍受下去，假裝緊密的關係就在那一刻瞬間崩裂，開始走向離合的階段：筱晶帶著樂樂搬離共同居住的地方，阿漢則獨自照顧小兒子。

然而分居並沒有讓彼此間的爭吵變少。這段時間光是為了探視孩子的問題就爭執不休，就算雙方都有意離婚，卻衍伸更多的問題：孩子的親權歸屬、未來照顧孩子及探視方式等，在協商討論的過程中，無限輪迴的你爭我奪，他們在意的終究是大人權利分配公平與否，偏偏每次討論都讓關係再度撕裂與惡化，最後只能被迫提起訴訟，讓公正第三人來決定「家的未來」。

當這類案件進入法院、開啟司法程序後，由於攸關未成年子女的福祉，法官會媒合法院社工資源介入服務，這是開啟高衝突家庭另一扇窗的機會。每當社工協助這些正面臨離合決定的夫妻時，總不免長嘆一口氣，感嘆著他們在經歷這麼長時間的紛爭裡，為什麼從來不曾停下腳步，好好正視爭吵與衝突的原因，要是能面對、接受、處理，情況是不是就不會這麼的糟糕？

經歷過無數次爸媽衝突的樂樂，總是努力扮演「調節劑」的角色，因此練就了一身因應衝突的「技巧」，她的技巧就是想盡辦法討好身邊的人，而且讓大家都能喜歡她、關注她。因此她不容許自己有太多情緒反應，把自己塑造成一個大人眼中乖巧、懂事的孩子。看在阿漢與筱晶的眼裡，不但沒覺得不妥，甚至對於樂樂的表現引之為傲，覺得沒什麼好擔心的。

訪談時，筱晶把樂樂在學校的「異常行為」透露給社工知道。原來某次樂樂拒絕同學的要求後，同學開始不跟她說話、不跟她一起玩，樂樂因此哭到無法自拔，甚至用力地捶打自己，老師上前安撫她的情緒時，聽到樂樂喃喃自語「我是一個壞人，我怎麼可以讓同學不開心，我應該答應送那枝筆給她……。」原來樂樂的悲傷是來自於自責與愧疚，她氣自己沒好好照顧周遭的人，認為這些人不開心、生氣都是她害的。

學校老師很快就察覺到不對勁，因此透過這個事件告知筱晶，提醒她要多多留意樂樂的情緒。這讓筱晶有些不知所措了，她從來沒看過樂樂這樣子，曾經以為自己很了解很認識自己的孩子，這一刻起，她既茫然又無助，她不知道「樂樂到底怎麼了？」

社工幾次接觸樂樂後，發現她日子過的真的好辛苦，這些漫長的家庭風暴過程，讓她隱藏真實的自己，或許是爸媽覺得她懂事吧，從來沒有關注過樂樂真正的感受與需要，無從宣洩的情緒只能被壓抑。逐漸地，樂樂誤會了一件事，以為與她有關係的人，她都有責任讓他開心，若有人不開心，就是自己做的不夠好，就是她的問題。

在輔導工作中，我們體悟到孩子過度的自責感，帶來的殺傷力有多可怕，這樣的結果多是因為大人從來沒有好好的告訴他們「這些紛爭全部都與你無關，不是因為你不乖、不聽話，父母才會吵架。」像樂樂這樣的孩子，很需要透過專業的陪伴與引導，帶她去辨識、理解這些討好與自責都不須要存在。否則，她將一輩子帶著這種無能為力與無限愧疚去經營她的人際關係，不論在親密關係裡或社會交際中都是負向影響。

每當發生爭執與衝突時，大部分的人會選擇不面對（逃避），以為過去了就算了（沒事了），以致錯過那個可以溝通的時機與歷程，錯失修復關係的黃金時期。

學習謹慎對待每一次的紛爭，釐清每次衝突的原因與脈絡，才能真正理解與看見自己情緒背後隱藏的含義與動機，這也是薩提爾的「冰山理論」。越認識自己越能成為家庭中穩定的那個人，這有助於家庭關係的和諧。

薩提爾的冰山理論

每個人所呈現出來的情緒與行為，就如同冰山露出水面的一小角山峰，但這並不代表可以忽略隱藏在水面下的偌大冰塊。**因為情緒與行為的背後，往往隱藏許多真實的內在感受，包括對事件（人）的觀點、期待與渴望，及最真實的自我。**因此要追求理解的是冰山底層的內在感受，那才是真正認識自己的方式。

因爲害怕失去，所以抓得更緊

練習薩提爾的自我覺察，
有助於大人穩定並接納自己的情緒，
如此才能給予孩子最高度的同理。

法院一如往常的運作著。工友推著載滿一落落公文的推車，車輪發出「硿隆——硿隆——」的聲響，似乎正在開著路。推車推到一扇門外頭，工友向裡頭喊著「家事服務中心！」

翻開公文夾，原來是法官那送來的公文，是一個親職講座的邀請，請社工協助與某案當事人李建志（化名）聯繫。社工拿起話筒，撥打電話。電話那頭是一名聲音低沉的男性。社工向建志表明身分及說明打這通電話的原因。事隔幾日，建志出現在家事服務中心辦理的親職講座上。會後來到家事服務中心與社工閒談，闡述著與洪甄（化名）婚後的生活點滴。

建志與洪甄結婚後，很快就有了孩子，女兒若綺（化名）及兒子若甫（化名）。建志在電信局上班，收入穩定，每個月發薪後都全權交給洪甄管理，洪甄則在生了若甫後辭去私人企業的行政人員職務，專心在家相夫教子。十年過去了，目前若綺國中八年級，若甫則是小學六年級。看似幸福的家庭，怎料沒多久就開始出現變化。

若甫在小學四年級時，被診斷有心血管疾病，考量醫療的龐大開銷，洪甄決定重返職場，與建志一同分擔家計。大概是過往全職主婦的生活，只想著為家庭付出、許久沒有打理好自己的彌補心態，洪甄開始會購買化妝品、衣物，也為家人添購保健食品。

其實，建志並不是不能理解洪甄希望善待自己及照顧家人健康的心境，只是無法接受洪甄買了一大堆保健食品，明明還沒吃完又因為業者兜售話術而繼續購入。家裡根本像間小藥局，各式各樣的保健食品都有。最不滿的是，洪甄總是先斬後奏。直到建志發現積蓄呈現負向成長後，再也無法忍受洪甄的消費方式，堅決不願再將每個月的薪水交給洪甄管理。

為此，兩個人常常起爭執，洪甄會向若綺及若甫哭訴建志自私、不願支付生活費與家庭開銷。建志也覺得很委屈，經常對若綺及若甫抱怨洪甄亂花錢。夫妻兩人的感情降到冰點，婚姻關係岌岌可危。只是建志多次向洪甄提離婚，洪甄都拒絕了，甚至藉機再向兒女埋怨「你們看到沒，你爸不付生活費就算了，現在也不要我們了！」

久而久之，連親子關係都受影響。若綺對建志產生誤會，每當建志與她講話，只能得到冷漠簡短的回應或乾脆沒有回應。若甫也多次詢問建志「爸爸，你真的不要我們了嗎？」由於很害怕建志去上班後就不回家，因此若甫不願意去上學，想待在家裡守著建志。建志明顯感受到兒女的不安，與洪甄的威脅，決定走上法院一途，希望透過法官判決來離婚，同時希望由他自己單獨行使若綺及若甫的親權。

在參加五至六場親職講座、社工介紹下閱讀完本書後，建志和社工越聊越多。社工明白，不論是建志還是洪甄，都是因為害怕失去，而更想把若綺及若甫抓得更緊。透過親職講座專家及社工的建議，建志運用薩提爾的自我覺察練習法，練習面對自己的真實情緒，覺察自己內心深處是擔憂洪甄挑撥離間的指控，會讓若綺及若甫信以為真，以致自己外顯出來的行為，總是給若綺及若甫極大的為難與壓力。

幾次的練習之後，建志知道一定要先穩住自己情緒後，才有能力關照若綺及若甫，因此更努力學習覺察、接納及穩定自己情緒的方式，並站在若綺與若甫的立場去設想，給予他們最周到的關心與安撫。最終目的是要讓若綺與若甫知道，對於爸媽之間的紛擾，已經請法官處理了，身為子女的他們不須為此苦惱，或認為應該要幫助其中一邊，還有即使爸爸跟媽媽無法再像過往般相愛或維持婚姻關係，自己對若綺及若甫的愛依舊不變。

這是社工在法院的實務工作中，最常碰到的案例。建志與洪甄的故事，可以套用在每一對來到法院的夫妻。會走到法院，雙方關係大多已經到了水火不容的程度，又加上訴訟過程的「推波助瀾」，對立的情形有增無減。尤其會陷入爭取獲勝、證明清白、追求自以為公平的公平的循環。要處理太多攸關於自己權益的事情，在自顧不暇的情況下，很難顧及孩子的權益。

要能像建志一樣，觀察到關係中的不對勁，而且願意為了孩子停下腳步、反思自己是很難得的。從大人視角看不到孩子夾在父母之間的為難與壓力，唯有同理孩子的立場，才能將心比心。真的很不容易，但建志做到了，只要願意傾聽自己與孩子的情緒及需求，就能調整自己面對事情及處理紛爭的方式，就算自己不知如何做，也會尋求專家、社工或相關機構的協助，相信有改變就會帶給自己與孩子不一樣的轉變。

薩提爾的自我覺察練習

薩提爾的自我覺察練習有助於透過內在因素，去剖析外在行為的成因。**主要的練習包括「重新認識自己」「了解自我呈現的慣性行為的原因」「知道如何改變才能擺脫慣性行為的束縛」**。想要達成上述目的，多半要先了解並分析自我，包括情緒、觀點、渴望、期待與行為等五個層面，其中前四個屬於內在因素，而這些內在因素往往會對外在行為產生很深刻的影響。

跳下去，就不用面對爸爸了

獨自面對會放大恐懼的程度，
童年逆境的創傷則會延續到成年，
正視內在需求，才有勇氣跨越。

利安（化名）是個清秀的男孩。第一次見到他時，他正就讀八年級，十四歲的他眼神裡充滿著不安與無力。那年盛暑七月，雅亭（化名）來到法院的家事服務中心求助，明明身材高挑卻蜷縮著身體，身旁跟著兩個高大壯碩的男孩，其中一個就是利安。法院裡的嚴肅氛圍，更顯得他們的不自在與惶恐。社工趕緊上前招呼，安頓他們坐在櫃臺會談處，輕聲一句「還好嗎？」讓雅亭瞬間潰堤，眼見身邊兩個孩子在旁不知所措，另名同事趕緊將他們帶到另一處空間。

緩和了雅亭的情緒，再三確認她當下的身心狀態，社工在她身上感受到一股強大的勇氣。她娓娓描述十多年的婚姻歷程，記憶清晰到令人心碎。她抬起頭，堅定地對著眼前的法院社工說「為了孩子，我決定離開他！」社工很好奇，發生了什麼事才讓她下定決心離開「那天，利安對我說『媽媽，你帶我跟弟弟一起去樓上，如果我們跳下去了，是不是就不用面對可怕的爸爸了。』是利安這段話把我打醒。」

婚前，雅亭是一家外商公司的高階主管，由於外語能力強，工作之餘還擔任書籍翻譯的工作，是人人讚賞又稱羨的奇女子。工作幾年後，在一次的公司活動聚會上，雅亭結識了另一半，交往多年後決定共組家庭。雅亭的先生長年在東南亞經商，久久才能回台相聚。結婚大約一年，雅亭懷了利安，嚴重害喜讓雅亭身體有些承受不住，先生見狀便要雅亭辭職，在家安胎。產後雅亭沒回職場，開啟全職媽媽的生活。

起初，雅亭以為自己的好日子來了，先生的貼心是寵她愛她的方式，完全不曉得這是權力控制的起源。在先生面前，她是一個不能有主見的人，先生說東就不能西，違背「旨意」將會遭到極大的斥責與謾罵，更荒謬的是先生總是夾帶大量貶抑與詆毀人格的詞彙，甚至讓雅亭開始懷疑起自己「我真的有這麼糟、這麼爛嗎？」利安漸漸長大，也開始遭受父親的權控。

與雅亭會談告一個段落，社工轉向關照利安與弟弟的狀態。利安與弟弟沉默好一會兒，後來是利安主動釋出善意，表示他還可以。於是，社工單獨跟利安談了一下，想確認他經歷或目睹了哪些家庭風暴。利安的聲音很小，他說自己有些害怕，又希望媽媽不要太傷心，接著他說起國小三年級發生的事。

「忘了是因為什麼事了，當時爸爸對我大發雷霆，我看到爸爸眼睛裡冒火，接著他把我拖往儲藏室，還把門鎖起來。隔著門，我聽到爸爸警告媽媽不能開門，否則她也會遭殃。我就在儲藏室裡過了一天一夜。那時，我以為我會死在儲藏室裡。」社工感同身受小小年紀卻要獨自面對黑暗的恐懼，輕柔而堅定的告訴利安「不要害怕，我們一起面對那個黑洞，找到光亮。」

會談與對話的過程結束後，社工直覺性的啟動服務，這個家非常需要被扶一把。要翻轉雅亭的自我懷疑與低自尊是最困難的，半年以來社工用優勢觀點讓她看到存在的價值，帶著她回顧單身時那個令人稱羨、散發魅力的自己，同時教她學習觀照自己的需求，讓她知道唯有照顧好自己，有了足夠養分，才能豐厚穩定孩子。

利安過往的處境更讓人不捨，每一次歷歷在目的拘禁與控制，都是帶來創傷的因素，倘若這些「童年逆境」無法得到安頓，將為利安的未來帶來極大的負向影響。法院社工啟動了兒少諮商機制，在多達十幾次的諮商過程中，由心理師帶領利安看到過去的不安，並釋放情緒、傾聽感受，進而讓他正視內在需要。同時告訴他，無須自責沒有保護好家裡的人，以正向回饋讓利安帶著勇氣，去面對現在及未來的自己。

時光飛逝，三年過去了。雅亭帶著兩個孩子來到家事服務中心，這次不是來求助的。他們不一樣了，雅亭的美麗自信找回來了，利安在高中的生活精彩奔放，他們特地回來感謝社工當年義不容辭的扶一把。長大的利安告訴社工「謝謝你們讓我看見自己、認同自己，原來讓人生有希望感是這麼不容易。」

童年逆境經驗

童年逆境經驗（Adverse Childhood Experiences，ACE）是指在童年時期的負向經驗，可能是虐待、忽略、性侵等事件造成，這會讓孩子經常處在高壓情境或隨時保持警戒。美國醫師Vincet Felitti與Robert Anda曾透過「ACEs」量表施測17,500位成人並進行分析，約有67%受測者在成年前曾遭受過至少一項的童年逆境，該研究同時指出ACEs分數越高（即遭受越多童年逆境事件），成年後有相對高的機率罹患身心疾病等問題。

童話裡都是騙人的

當父母忽略自我角色該有的做為，衝擊原本家庭成員的關係與正常運作，孩子容易轉變為親職化小孩狀態，承擔起那些不該由他承擔的重責大任。

不管在哪個世代裡，王子與公主童話般的幸福，都曾經在許多人的心中被期盼著。阿吉（化名）是一個幽默風趣的卡車司機。他說，自己從小就不喜歡念書，加上家裡環境差，所以高職一畢業就報考卡車司機駕照，也順利考上了。為了幫忙家裡，阿吉隨即開始上班賺錢。由於職場接觸的大多是男性，人生都三十好幾了，卻沒什麼機會可以認識女孩子。

家人透過外配仲介替阿吉媒合，認識了在印尼的阮氏芳（化名）。阮氏芳是個聰穎又有智慧的女性，雖然印尼原生家庭生活極為困苦，仍靠自己半工半讀讀到印尼大學。阿吉迅速的辦完所有手續，並在完成結婚儀式後將阮氏芳接來台灣居住，阮氏芳就這樣成了新住民，一轉眼也十五年了。

婚後，阿吉與阮氏芳育有兩個孩子，姐姐小凌（化名）可愛又機靈，弟弟小寶（化名）則是一個重度自閉的孩子，阮氏芳把大部分心力都放在小寶身上。阿吉努力讓家裡經濟處於穩定狀態，卻疏忽了家庭經營需要的情感連結，夫妻倆經常為了教養及生活瑣事而口角。此外，阿吉的媽媽跟姐姐看到阮氏芳時，要不把她當空氣，要不就施予言語暴力，指責她不會教或說是母體不佳才會生出小寶這樣的孩子。阮氏芳不甘示弱回擊的結果，是讓彼此關係越來越分裂。

十多年來，小凌心疼媽媽的處境，也擔起照顧弟弟的責任，期待分擔阮氏芳的辛苦，就這樣，小凌陷入了親職化小孩的狀態。在一個颱風來襲的夜晚，夫妻又因故發生爭執，阮氏芳負氣帶著孩子離家，並預計與阿吉離婚，終結這些年來不被尊重的對待，這也是阮氏芳來到法院的原因。她述說著五千多個日子以來的委屈，眼眶裡泛著淚告訴社工「童話裡都是騙人的……。」

阿吉與阮氏芳的離婚訴訟走了好些年了。阿吉不甘心婚姻就這麼沒了，阮氏芳則是用生命在爭取兩個孩子的親權（監護權）。既使一審法官已做了判決，但看在兩方眼裡都不是最好的結果，就這樣一來一往繼續上訴著。在漫長的爭訟過程裡，社工為阿吉、阮氏芳及小凌連結起他們各自所需的資源，包括心理諮商及協助雙方進行家事商談，協商出孩子的最佳照顧計畫、促進親職關係的連結。

日復一日，專業的協助從來沒有離開過這個家庭。直到有一天，阮氏芳告訴社工不想再爭下去了「我看見了孩子好無助，我不想讓孩子繼續受苦了。」最終，她決定返回她熟悉的印尼，並希望小凌能諒解這樣的決定、跟著爸爸好好生活。她知道繼續耗下去，大家都會很不快樂。

時間過很快，阮氏芳回印尼一年了。遠在印尼的她，經常透過電話視訊與小凌、小寶保持聯絡。阮氏芳知道阿吉這一年來，依然經常在外工作、鮮少回家，小凌繼續擔起照顧弟弟的責任，只是沒有按時就醫的小寶，學習狀況越來越差。有天，她接到電話，小凌哭著說「小寶被社工安置了。」阮氏芳只能落下不捨的眼淚，由於過去接受過社工的幫助，她告訴小凌也告訴自己，小寶一定會受到安穩的照顧。後來，小凌很爭氣，在如此動盪的家庭關係裡，考上明星女子高中。

從阿吉與阮氏芳這個家庭的發展脈絡看來，家庭衝突若沒有獲得良好的溝通及解決方式，再加上親朋好友的不良介入，只會讓這個家庭系統裡的人物產生負向變化，讓家庭失去該有的功能，衝擊家庭成員關係與運作。當阿吉與阮氏芳未盡到父母該有的功能與責任時，小凌就容易轉變為親職化小孩的狀態，她要幫忙分擔家務、還要照顧弟弟，更為難的是還要關照家人的心情，這些原本都不應該是小凌要承擔的。

當孩子開啟親職化狀態時，社工都會試圖去幫助孩子，讓孩子只是孩子，若持續承受親職化的壓力，恐將造成孩子身心發展不全與後續障礙。年幼子女的生心理都該獲得父母充足的照顧，若無法滿足他發展階段該有的需求，孩子將會壓抑內在未能被滿足的渴望與需求，將來在面對人際關係上，容易將他人視為優先，甚至想盡辦法去滿足他人，即使把自己縮到最小也在所不惜。因此缺乏穩定的自我認同與自我肯定，這樣的孩子容易把自我價值建立在照顧他人上。

親職化小孩

心理學上所謂的親職化小孩（Parentified Children），指的是**當家庭中的父母（一方或雙方都有可能）忽略了自己角色該有的責任或做為，變成兒女來繼承父母的角色，並藉此來滿足手足或相關人士的需求，以勉強維持家庭功能的情況**。很多人以為親職化小孩代表孩子很懂事或很成熟，但其實這樣的狀態對於促進個體化或與父母間健康的依附關係都有所妨害。

再也綁不回來的親情線

夫妻間的仇恨，最怕滲透到下一代。
孩子的「拒絕」可能是怕被貼上「背叛」標籤，
只好任由大人擺布、攪和其中，直到解脫。

四月的臺北氣溫直直攀升，光從家裡走到捷運站就揮汗如雨。一踏入捷運車廂，微涼的空調，身上的黏膩感逐漸退去。映入眼簾的是一位五歲左右的男孩，皺著眉頭、依偎在母親的身上。仔細觀察才發現男孩的皮膚粗糙，有深刻的皮膚紋路及皮屑，我想，這個男孩應該飽受異位性皮膚炎的困擾。母親似乎感覺到男孩的不適，不時摸摸男孩的頭、拍拍男孩的背，安撫著男孩。母親對男孩的關愛，看似平凡無奇，卻讓人為之動容。

我想，為人父母在得知家裡即將有新生兒的那一刻起，最大的願望就是孩子能夠健康、平安、快樂的成長吧。然而，在法院工作卻時常看到相反的場景，即將分離的父母，總是會因為各種細故、利益關係，逐漸從相看兩不厭到互看不順眼，接著從愛人變成仇人，甚至將孩子拉入兩個人之間的戰局中，當成情緒勒索對方、威脅對方順從的工具。紊亂的生活與訴訟中，他們似乎忘了當初孩子呱呱墜地時的期待與初衷。

在我的社工生涯裡，有一個案件讓我印象很深刻。國華（化名）與嘉惠（化名）皆為彼此的初戀，兩人愛情長跑多年後步入禮堂。結婚後，雖然兩人都一直期盼能有孩子，但嘉惠的肚子遲遲沒有動靜。終於在結婚後的第五年，佩潔（化名）來到這個世界上，成為國華與嘉惠的女兒。

由於得來不易，國華與嘉惠更是呵護備至，深怕一個不留意，就讓佩潔生病、受傷。夫妻兩個人終究是來自不同的原生家庭，過往被教養及被照顧的方式不同，導致在教養及照顧佩潔上，意見不合是常有的事，夫妻倆都自認為自己的方法對佩潔最好，為此經常爭執不休，極小的事情也能吵到天翻地覆。談戀愛時的甜蜜逐漸「被消失」，兩人不再像以往那樣相愛。某天，國華下班回家，一踏進家門就錯愕到說不出話來。嘉惠居然趁國華外出上班，帶著佩潔搬回娘家。

國華再也不想忍受了。他非常介意嘉惠沒有與他商量，就擅自把佩潔帶走，而且三番兩次到嘉惠娘家、要求與佩潔見面，嘉惠都不予理會。國華已經有半年無法與佩潔見面。由於不滿嘉惠阻擾國華給予佩潔父愛的權益，他決定請求法院協助，對嘉惠聲請未成年子女會面交往的時間與方式。嘉惠知道後，則以國華到娘家騷擾他與佩潔，對國華聲請保護令。

終於等到了開庭這天。開庭前，國華在等候區看到許久不見的佩潔，激動地上前與佩潔打招呼，表達思念之情，沒想到佩潔卻冷冷地表示「你走開！」隨即躲在嘉惠的身後。開庭時，小小年紀的佩潔出庭為嘉惠做證，說「爸爸一直來我們家找我跟媽媽，我覺得很害怕，不敢和爸爸見面。」國華聽了傷心欲絕，無法相信過往被他捧在手心細心呵護、照顧的佩潔，才半年不見就態度丕變，還講出讓他無法置信的指控，他覺得對女兒好陌生。

開庭結束後，國華神情落寞的來到家事服務中心，剛坐下就頻頻擦拭眼角的淚水，哽咽地說了好幾次「我與女兒的線斷了！」我很能同理國華思念佩潔的心情，以及好不容易見上一面，卻被佩潔拒絕的痛苦。我告訴國華，佩潔表面上「拒絕」見面，但內心可能不是真的「拒絕」。有時候，孩子就算內心深處極度思念、巴不得能見面，卻可能因為「忠誠」問題，不敢表明真正心意，深怕被貼上「背叛」的標籤，只能任由大人擺布。這對佩潔來說，相當煎熬與痛苦。

接著，我拿出一條橡皮筋，在國華的面前用剪刀剪斷，詢問國華「要怎麼做才能將橡皮筋變回原形？」國華說「綁起來就好。」我告訴他「親情線斷了，綁起來就好了！」我試著讓國華探究堅持想與佩潔見面的原因，他說「想要好好照顧女兒。」接著，我再請他思考在這個非常時期，怎麼做才能照顧女兒。

聽到這裡，國華就像洩了氣的皮球「人都見不到了，哪來還能照顧？」於是，我開始與國華討論各種「見不到面的」照顧方式，並鼓勵他利用吸引力法則來拉近與佩潔的距離。有空時，傳訊息關心佩潔或搜尋她可能有興趣的議題與她分享。

只是一個月過去了，國華傳的訊息佩潔總是已讀不回，甚至不讀不回，導致國華對嘉惠更加不諒解，一直認為是嘉惠從中挑撥離間所導致。逐漸的國華的喪氣轉變為怒氣，氣佩潔都長這麼大了，為什麼還不懂明辨是非，才半年就忘記過往的親情。於是他在對嘉惠提出誣告罪同時，也對佩潔提出誣告罪，目的是希望提高警惕的效果。

夫妻間的仇恨，滲透到下一代。隨著時間一層一層的往上堆疊，連佩潔都被攪和其中。某個夜深人靜時刻「碰！」一聲，巨大聲響之後，是警車及救護車的警笛聲。國華的手機聲響起，畫面顯示的是許久沒有聯絡的嘉惠。嘉惠用顫抖的聲音說「佩潔離開我們了！」國華沉默許久，幾乎無法言語，最後放聲哭喊著佩潔的名字。這條親情線，永遠綁不回來了。

吸引力法則

吸引力法則是新思維運動的一種概念，認為正面想法或負面想法對於人際關係會造成正面或負面的不同結果。此外，**吸引力法則也是一種過程，指有著類似思想或理念的人，同時都被對方吸引的過程**。有時候，不僅僅是一個思想對另一個思想的影響產生興趣，也可能是相似心態的人，因為關注同一件事、喜歡（或討厭）同一個人而被互相吸引，有助於提升彼此關係的密切程度。

這個生日願望可以實現嗎？

家庭系統也存在著三角關係。
當夫妻對立，很難不把第三人拉進來，
那個人往往是最容易受傷的，孩子。

「生日快樂！」祝福的聲音此起彼落，一群孩子唱完生日快樂歌後，催促著妍妍（化名）趕緊許願、吹蠟燭。妍妍雙手合十，閉上眼睛，倒映在妍妍臉上的燭光閃爍著，妍妍靦腆地說「希望大家的爸爸媽媽都能和好！」

家事服務中心的社工每年都會在暑假期間，為高衝突家庭裡的夾心餅乾兒童辦理團體活動，希望藉此讓孩子知道自己並不孤單，世界上還是有其他孩子與他一樣正處在家庭風暴裡，透過活動心理師及社工會以各式各樣的媒材，讓孩子認識情緒、辨識自己的情緒，並教導他們以合適的方式抒發情緒。我們都期盼孩子能在我們的陪伴之下，度過家庭風暴。妍妍是那年兒童團體的成員之一，剛好活動最後一天是妍妍生日，我們就準備蛋糕，大家一起為她慶生。

妍妍在家排行老二，當時就讀小學四年級，她有一個哥哥彥勛（化名），就讀國中九年級。妍妍的爸媽因爲金錢、感情等因素已經分居兩年了，雙方只要覺得對方所做所為不符合期待，就是向對方提告，彼此互相提告諸多案件，官司打來打去，早已沒有任何信任可言。

妍妍與媽媽同住，彥勛則是與爸爸同住。爸爸願意讓彥勛隨時都到媽媽家，跟媽媽及妍妍相處，反觀妍妍的處境就顯得受限。爸爸因為一年多無法與妍妍會面，就向法院聲請酌定未成年子女會面交往的時間。因緣際會之下，家事服務中心社工接觸了妍妍一家四口。

妍妍的爸媽各自向社工述說了在婚姻生活裡所付出的努力及委屈，對於同一事件的解讀，兩個人描繪出來的內容簡直是天壤之別，彷彿兩人活在自己的平行時空裡。這種情形在法院裡早已司空見慣，由於在家庭裡所扮演的角色不同，立場、想法也跟著不同，多數人只會依著自己的視角去看事情。這時，如果沒有換位思考及進一步與家人核對彼此的想法，各種委屈、不甘心等負向情緒就會隨之而來，衝突也會越來越頻繁，相愛的兩個人就會變成相恨的兩個人。

為了關心妍妍對於與爸爸會面的想法，社工與妍妍會談。妍妍低著頭，臉部表情很是凝重，雙手不斷地互相搓柔著，想必這個會談對她而言是多麼焦慮不安。為了讓妍妍放鬆，社工與妍妍一邊玩桌遊，一邊聊著平時的興趣，妍妍開始主動與社工分享在學校的事情。社工感受到妍妍逐漸敞開心房，難為地告訴社工「我想與爸爸見面，可是如果與爸爸見面了，媽媽會心情不好！」

彥勛面對社工的態度，與妍妍大不相同。彥勛侃侃而談他的「親職化」角色，說以前一家四口同住時，只要爸媽吵架，他就會趕緊帶著妍妍回房間，講笑話給妍妍聽，希望妍妍不要害怕。吵架結束後，彥勛會教妍妍去安慰媽媽，彥勛自己則去關心爸爸。爸媽分居之後，雖然彥勛不必再直接目睹吵架的畫面，但爸媽總是會叫他當傳聲筒，讓彥勛覺得好煩。尤其每次向爸媽表達自己的想法時，爸媽都會認為他是被對方教壞，指責他長這麼大還不懂明辨是非。彥勛無奈表示「照著大人的想法才是想法，難道我就不能有自己的想法嗎？」

在妍妍及彥勛的家庭裡，不論與爸爸或媽媽同住或分居，只要其中一方自我分化不佳，界線不清楚，爸媽就會在有意識或潛意識下，將妍妍及彥勛拉進戰爭中，讓妍妍及彥勛面臨自己不能處理的議題，例如妍妍想與爸爸見面，但擔心讓媽媽心情不好，又或彥勛向爸媽表達自己的想法，卻因此不被爸媽信任，甚至被指責，成為代罪羔羊。當家庭內部的三角關係其中一邊不平衡時，孩子會不知如何是好，會覺得處在一個不安全的狀態，進而影響到孩子的身心健康，難以發展自身的任務與向外探索。

社工觀察到妍妍及彥勛的爸媽，常會在一件單純的事情裡，添加兩人之間的愛恨情仇，導致整件事更趨複雜，如爸爸因為都看不到妍妍，索性就不付妍妍的扶養費等。社工試著協助爸媽將事情一一分解，並帶著他們站在孩子的立場去思考事情的處理方式，是否真的有維護到孩子的最佳利益。唉，只可惜爸媽仍是嚴重對立著，難以自我分化。聽著妍妍所許下的生日願望，感到無比的心疼，不知道這個心願要到什麼時候才能實現。

三角關係

三角關係的概念是很多心理學家都在探討的議題。家庭系統理論學者Murray Bowen認為家庭情緒系統的基礎就是三角關係，**家庭融合程度越高，三角關係就越強烈、明顯，一旦其中兩個人的關係產生對立或焦慮時，就很難不把第三個人拉進這個不良關係中，通常被牽扯進來的，總是最容易受傷的第三者，其目的是要稀釋關係中的焦慮。**家庭中自我分化程度低的人，由於容易受外界影響及被他人情緒混淆，因此特別容易受到三角關係的傷害。

爸媽不暴走，孩子正成長！ 增訂版

情緒同理：

家事法庭第一線社工30件個案解析，
克制情緒干擾、同理孩子立場，
練習把分離的負能量降到最低。

總 策 畫 | 現代婦女基金會
特別顧問 | 許皓宜
諮詢專家 | 江文賢、陳以儒、張志豪、黃柏嘉、賴月蜜
文字撰述 | 黃竑瑄、陳廷芝、陳竺妤、高安遠、施涵君
選　　書 | 林小鈴
企畫編輯 | 蔡意琪

行銷經理 | 王維君
業務經理 | 羅越華
總 編 輯 | 林小鈴
發 行 人 | 何飛鵬
出　　版 | 新手父母出版・城邦文化事業股份有限公司
台北市中山區民生東路二段141號8樓
電話：02-2500-7008　傳真：02-2502-7676
E-MAIL：bwp.service@cite.come.tw
發　　行 | 英屬蓋曼群島商家庭傳媒股份有限公司城邦分公司
台北市中山區民生東路二段141號11樓
書虫客服服務專線：02-2500-7718；02-2500-7719
24小時傳真專線：02-2500-1990；02-2500-1991
服務時間：週一至週五上午09:30～12:00；下午13:30～17:00
讀者服務信箱：service@readingclub.com.tw
劃撥帳號 | 19863813　戶名：書虫股份有限公司

香港發行 | 城邦（香港）出版集團有限公司
香港灣仔駱克道193號東超商業中心1樓
電話：852-2508-6231　傳真：852-2578-9337
電郵：hkcite@biznetvigator.com
馬新發行 | 城邦（馬新）出版集團 Cite(M) Sdn. Bhd.
41, Jalan Radin Anum, Bandar Baru Sri Petaling,
57000 Kuala Lumpur, Malaysia.
電話：603-9057-8822　傳真：603-9057-6622

封面設計 | 劉麗雪
插　　圖 | COYA
內頁設計・排版 | 吳欣樺
製版印刷 | 卡樂彩色製版印刷有限公司
贊助單位 | 鍾慶科技開發股份有限公司

初　　版 | 2016年08月02日
增訂版 | 2021年05月27日
初版2.3刷 | 2022年01月03日
定　　價 | 360元
ISBN | 978-986-5752-97-2

城邦讀書花園
www.cite.com.tw
Printed in Taiwan

國家圖書館出版品預行編目資料

情緒同理：家事法庭第一線社工30件個案解析，克制情緒干擾、同理孩子立場，練習把分離的負能量降到最低。／現代婦女基金會著. -- 修訂一版. --臺北市：新手父母出版：英屬蓋曼群島商家庭傳媒有限公司城邦分公司發行, 2021.06

面；　公分

ISBN 978-986-5752-97-2　（平裝）

1.單親家庭　2.親職教育

544.168　　110007568

現 代 婦 女 基 金 會
Modern Women's Foundation

三十多年來，
現代婦女基金會始終站在社會需要的角落，
陪伴長年受創的受暴媽媽，
傷痛說不出口的孩子，
身心交瘁的性暴力倖存者，
及高衝突家庭的父母及孩子，
協助他們在生命最困難的時刻，
跨越創傷、長出力量。

現代婦女基金會 駐各地方法院家事服務中心

本會承辦臺北、士林、新竹、臺中地方法院家事事件服務中心，主要協助面臨離婚、子女監護議題的高衝突家庭，我們的服務核心理念是「維護未成年子女的最佳利益」。

我們的服務對象：

我們不只服務孩子，也服務父母，期待家庭中的每一個成員都可以獲得同理與支持。

我們的服務項目：

包括律師諮詢、心理諮商、親職教育課程、親子會面、家事商談、兒童團體、親職教練等，以回應高衝突家庭多元的需求。

如何找到我們：

現代婦女基金會總會	(02) 2391-7133	台北市中正區羅斯福路一段7號7樓之1B室
駐士林地院家暴服務處/家事服務中心	(02) 2831-2321	台北市士林區士東路190號1樓
駐臺北地院家暴服務處/家事服務中心	(02) 8919-3866	新北市新店區中興路一段248號
駐新竹地院家暴服務處/家事服務中心	(03) 6688-113	新竹縣竹北市興隆路2段265號
駐臺中地院家暴服務處/家事服務中心	(04) 2223-2311	台中市西區自由路一段91號3樓
同心園-臺北市親子會面中心	(02) 2356-0980	台北市中正區新生南路一段54巷6弄2號